AF558248

Vorsichtig fährt Wagen Nummer 17 aus der engen Herrenstraße heraus und biegt in den Lindenring ein. An dieser Ausfahrt wurde der Autoverkehr mit einem aufleuchtenden Schild vor der Straßenbahn gewarnt.

Mike Ewald

Die Naumburger Straßenbahn

Mit der Wilden Zicke durch die Domstadt

SUTTON ZEITREISE

Die „Wilde Zicke", hier am Marientor, verbindet die historische Altstadt mit dem Hauptbahnhof.

Einband vorn: Der ganze Stolz der Naumburger Straßenbahn ist der älteste im Einsatz befindliche Triebwagen Nummer 17 aus dem Jahr 1928.

Vorsatz: Am Friedensplatz (heute: Jägerplatz) findet die letzte „Kreuzung" mit einem himmelblauen Trabant statt, bevor der Wagen die Gefällestrecke zum Hauptbahnhof weiter befahren kann.

Seite 3: Als typische Straßenbahnstrecke anzusehen ist der Abschnitt in der Poststraße. Dort fährt die Bahn auf der in Steinen eingepflasterten Straße gegen die Regelfahrtrichtung.

Nachsatz: Das Eingangstor von der Straßenbahn in die Altstadt ist der 2008 und 2009 neu gestaltete Theaterplatz, der seit Mai 2019 den Namen von Curt Becker trägt. Becker war von 1990 bis 2001 Oberbürgermeister der Stadt und maßgeblich an der Stadtentwicklung beteiligt.

Einband hinten: Von 1914 bis 1991 war dieser Anblick auf den Naumburger Dom Runde für Runde zu erleben.

Impressum
Sutton Verlag GmbH
Infanteriestraße 11 a
80797 München
www.suttonverlag.de
ISBN: 978-3-96303-012-3

Copyright © Sutton Verlag, 2020
3. Auflage, 2025
Druck: Florjančič Tisk d.o.o. / Slowenien
Gestaltung und Herstellung: Sutton Verlag
Lektorat: Matthias Hansen

Sollte dieses Werk Links auf Webseiten Dritter enthalten, so machen wir uns die Inhalte nicht zu eigen und übernehmen für die Inhalte keine Haftung.

INHALT

Vorwort

Naumburg ist meine Heimatstadt. Hier wurde ich im Sommer 1981 geboren. Schon in meiner Kindheit faszinierten mich Schienenfahrzeuge – sowohl die „große" Eisenbahn als auch die „kleine" Straßenbahn. Eine Modelleisenbahn gehörte ebenso wie eine umfangreiche Sammlung an Literatur über Schienenbahnen in mein Kinderzimmer. Durch meine Mitgliedschaft im Verein „Nahverkehrsfreunde Naumburg-Jena e. V." konnte ich nun meinem Hobby in mehrfacher Hinsicht nachgehen, wozu auch das intensive Fotografieren von Straßenbahnen gehörte und gehört. Mein beruflicher Werdegang ermöglichte mir, mein Hobby auch auf dieser Schiene ausleben zu können, denn neben meiner Arbeit in der Werkstatt fahre ich auch selbst Naumburger Straßenbahn. Für die Zukunft wünsche ich mir die einzigartige Ringbahn zurück, viele zufriedene Fahrgäste und auch künftig Unterstützung auf allen Ebenen.

Bei dem vorliegenden Buch handelt es sich nicht um ein rein technisches oder geschichtlich alles bis in das kleinste Detail ausleuchtendes Lehrbuch bzw. Nachschlagewerk, sondern vielmehr um ein allgemeinverständlich geschriebenes Buch über die Naumburger Straßenbahn. Es richtet sich sowohl an Straßenbahner als auch an Nicht-Straßenbahner sowie an alle bisherigen und künftigen Freunde Naumburgs, denn die hier veröffentlichten Fotos zeigen quasi nebenbei auch den Wandel unserer schönen Domstadt.

Aber auch an Fans der Nahverkehrsszene kommen nicht zu kurz, finden sie doch hier auch bisher unveröffentlichte Bilder und Hintergründe der wechselhaften Geschichte der kleinen Bahn. Und all jenen, die an tiefgründigeren Fachinformationen interessiert sind, empfehle ich die in meinen Quellennachweisen angeführten Publikationen.

Schließlich sei noch angemerkt, dass trotz meiner intensiven und gewissenhaften Recherchen Fehler und Ungenauigkeiten nicht völlig auszuschließen sind. Für Hinweise und Ergänzungen bin ich daher dankbar.

Mike Ewald

Naumburg – eine Stadt, zur Freude geboren

„Naumburg, die stille Stadt, ist zur Freude geboren und recht in die lustige Landschaft hineingesetzt. Du kannst lange suchen, ehe du in Deutschland eine Stätte findest, wo Natur und Kultur eine solche Fülle der buntesten Dinge aufgebaut haben. Die Berge glätten sich zu Ebene, zwei Flüsse schneiden ihren Weg scharfrandig in Kalk- und Sandsteinfelsen ein und finden sich inmitten eines geschützten, blühenden Tales. Die Hänge tauschen Rebgärten mit Buchenwäldern aus. Stammesgrenzen und staatliche Markungen zickzacken durcheinander. Handelsstraßen laufen seit Menschengedenken unter geographischem Zwange zusammen. Landgrafenschlösser und Adelsburgen, Kaiserpfalzen, Klöster, Kathedralen und Dörfer fränkischer, niederdeutscher, wendischer Art – alles ist in den Teppich hineingestickt. Mittendrin die Stadt."

Ernst Borkowsky,
Lehrer, Historiker und Literaturwissenschaftler (1860–1947), 1921

Die Stadt Naumburg, die als eine der schönsten Perlen Mitteldeutschlands gilt und die im Jahre 2028 ihr tausendstes Gründungsjubiläum feiern kann, liegt im südlichen Sachsen-Anhalt am Zusammenfluss von Saale und Unstrut. Sie ist umgeben von Weinbergen und mittelalterlichen Burgen, die jedes Jahr von zahlreichen Touristen wieder neu entdeckt werden. Besondere Anziehungspunkte für viele Tagesgäste und länger hier verweilende Besucher aus dem In- und Ausland sind zum Beispiel in der Umgebung die Neuenburg und die Sektkellerei „Rotkäppchen" in Freyburg, das Gradierwerk und das Käthe-Kruse-Puppenmuseum in Bad Kösen sowie in Naumburg selbst die spätgotische Stadtkirche St. Wenzel mit ihrer berühmten Hildebrandt-Orgel, das sehenswerte Renaissance-Rathaus am Marktplatz sowie das wohl markanteste und bekannteste Wahrzeichen der Stadt – der Naumburger Dom St. Peter und Paul mit seinen weltberühmten zwölf Stifterfiguren, darunter Ekkehard II., Markgraf von Meißen, und dessen Ehefrau Uta von Ballenstedt, geschaffen vom noch immer namenlosen sogenannten „Naumburger Meister". Nach jahrelangen und von Rückschlägen nicht freien Bemühungen um diese besondere Ehre wurde der Naumburger Dom im dritten Anlauf am 1. Juli 2018 endlich offiziell in die begehrte Welterbe-Liste der UNESCO aufgenommen. Damit gehört einer der bedeutendsten Kathedralbauten des Hochmittelalters jetzt zum Erbe der Menschheit. Und dieser Titel dürfte allen Erfahrungen nach für noch mehr Gäste aus aller Welt sorgen. Während Besucher und Touristen die vielen Sehenswürdigkeiten und das umliegende Erholungsgebiet der Saalestadt für sich entdecken, entwickelt sich Naumburg bereits seit einiger Zeit zu einem immer beliebter werdenden Wohnstandort sowohl für die umliegenden Ballungszentren Halle und Leipzig als auch Erfurt und Jena. Typisch Naumburg eben.

Verkehrstechnisch gesehen hatte sich für die Stadt erstmals 1846 das Tor zur „großen weiten Welt" geöffnet, und zwar mit dem Anschluss an die Thüringer Bahn von Halle nach Erfurt.

1889 wurde die Unstrutbahn nach Artern und 1900 die Strecke nach Teuchern eröffnet, ehe am 15. September 1892 die Straßenbahn Naumburg in Betrieb ging. Sie wurde in den ersten Jahren noch mit Dampf betrieben und erst am 2. Januar 1907 auf den elektrischen Betrieb umgestellt. Mehr dazu auf den nun folgenden Seiten, doch vorab noch eine straßenbahnverkehrstechnisch gesehen spannende Anmerkung: Je nach Eignung konnten auch Naumburger Kadetten ihre Ausbildung in der Hauptkadettenanstalt in Groß-Lichterfelde bei Berlin fortsetzen. Und genau dort wurde im Frühjahr 1881 die erste elektrische Straßenbahn der Welt betrieben. Sie endete am Haupteingang der Hauptkadettenanstalt. Das Personal durfte kostenlos fahren. Und damit zurück nach Naumburg und in dessen jüngere Vergangenheit.

1994 wurden die Landkreise Naumburg, Nebra und Zeitz zum Burgenlandkreis mit dem Kreissitz Naumburg zusammengeschlossen, der 2007 auch noch den Landkreis Weißenfels aufnahm. Seitdem ist Naumburg Verwaltungssitz dieses Landkreises, zu dem auch die Nachbarstädte Weißenfels, Zeitz und Nebra gehören. Die 33.000-Einwohner-Stadt, die sich über ein in dieser Region außergewöhnlich mildes und weinanbaufreundliches Klima freuen kann, zeigt sich mit ihrer liebevoll und aufwändig sanierten mittelalterlichen Altstadt und dem am letzten Juni-Wochenende zur Zeit der Süßkirschenernte gefeierten Naumburger Hussiten-Kirschfest als altes, junges Zentrum des Kulturtourismus in Mitteldeutschland sowie als selbstbewusste und vielfältige Domstadt mit einer europaweit einzigartigen Ringstraßenbahn.

Heute fährt die weithin liebevoll „Wilde Zicke“ genannte Bahn vom Hauptbahnhof zum Salztor. Bereits ab der Haltestelle Marientor erreicht die Bahn die mittelalterliche Innenstadt, die Domfreiheit und die Bürgerstadt. Im Einsatz sind historische zweiachsige Straßenbahnen aus der Serienproduktion der DDR. Auf 2,8 Kilometern vermittelt die Bahn den Charakter und Charme einer typischen Kleinstadt-Straßenbahn, welche nur noch hier in Naumburg so *„quietschvergnügt“* erlebt werden kann. Dass die Bahn überhaupt fährt, ist jedoch keine Selbstverständlichkeit. Möglich ist dies vor allem durch ein großartiges ehrenamtliches Engagement der Akteure vor Ort, aber auch dank des Beistands von vielen Mutmachern und Unterstützern, egal von woher und von welchen Ecken und Enden der Republik auch immer. Aber es braucht auch starke vertrauensvolle Partner auf den verschiedensten Ebenen – schließlich fährt eine Bahn nicht einfach bloß so, weil sie auf dem Gleis steht. Es braucht auch einen entsprechenden Impuls.

Von Anfang an war es der starke Wille der Einheimischen, ihre Bahn zu behalten – und zwar lebendig. Mindestens ebenso wichtig aber war und ist der vertrauensvolle und konstruktive Umgang der Entscheidungsträger in der Kommunal-, Kreis- und Landespolitik miteinander.

1

Eine mit Dampf betriebene Bahn für die Stadt

Wie alles begann: Die Dampfstraßenbahn 1892 bis 1906

Am 19. Dezember 1846 wurde Naumburg durch die Thüringer Eisenbahngesellschaft an deren Stammstrecke entlang der Saale zwischen Weißenfels und Weimar angeschlossen. Aufgrund der geländemäßigen Besonderheiten lag der neu eröffnete, heutige Hauptbahnhof rund 2,5 Kilometer vom Stadtkern entfernt. Dem Überwinden dieser Entfernung dienten Droschken und Mietkutschen, deren Kapazität jedoch nicht ausreichte. Eine mögliche Alternative wäre eine Pferdestraßenbahnlinie gewesen, die aber hauptsächlich aus finanziellen Gründen nicht gebaut wurde. Als im Jahre 1889 die Unstrutbahn von Naumburg über Freyburg nach Artern in Betrieb genommen wurde und für zusätzliche Reisende am Hauptbahnhof sorgte, verstärkte sich jedoch das Bedürfnis nach einem leistungsfähigen innerstädtischen Verkehrsmittel noch mehr.

Obwohl bereits die Dampfstraßenbahn fährt, warten wie gewohnt am Hauptbahnhof auch weiterhin die Droschken auf Fahrgäste.

Actienbuch
Blatt

ACTIE
der Naumburger Strassenbahn
Actien-Gesellschaft
über
Zweihundert Mark.

Der auf diese Actie entfallende
Restbetrag ist bezahlt.
Der Vorstand.

No. 288.

ist bei dem Grundkapital der unterzeichneten Gesellschaft durch baare Einzahlung von **Zweihundert Mark** betheiligt und nimmt nach Massgabe dieses Betrags gemäss der Statuten der Gesellschaft an dem Gewinn und Verlust derselben Theil.

Die Verausgabung dieser Actie auf einen geringeren Betrag als 1000 Mark ist durch Beschluss des Bundesraths vom 15. December 1892 gestattet.

Naumburg a/S., den 20. Februar 1893.

Naumburger Strassenbahn.

Der Vorstand. Der Vorsitzende des Aufsichtsraths.

Auf diese Actie ist eine abschlägliche
Rückzahlung von sechsunddreissig
Mark erfolgt.
Der Vorstand:

Die Dividendenscheine No. 1 bis 10 nebst Scheinanweisungen sind mit der Actie ausgereicht.

Druck von A. Rietz & Sohn, Naumburg a/S.

Urkunde einer Aktie der Naumburger Straßenbahn aus dem Jahr 1893.

Bereits im September 1889 berief deshalb Oberbürgermeister Emil Kraatz eine Bürgerversammlung ein, auf der sich ein Komitee zum Bau einer Straßenbahn für den Personen- und Güterverkehr konstituierte. Dessen Mitglieder schauten sich in den Unterlagen der Städte um, die bereits eine Straßenbahn hatten oder gerade bauen ließen, und setzten sich nach mehreren Verhandlungen mit dem Ingenieur Georg von Kreyfeld aus Halle in Verbindung. Dessen Konzept sah den Bau und Betrieb einer Dampfstraßenbahn vor. 1891 erhielt er die entsprechende Konzession, die u. a. technische Vorgaben für die Fahrzeuge machte und den Fahrbetrieb regelte. Im folgenden Jahr, am 18. Juni 1892, gründete sich die für den Bau und für den Betrieb zuständige *Naumburger Straßenbahn Aktiengesellschaft (NSAG)* mit einem Grundkapital von 120.000 Mark. Diese Summe beweist das große Interesse der Naumburger Bürgerschaft an ihrer zukünftigen Straßenbahn. Gleiches gilt für die Geschwindigkeit, mit der die Umsetzung der Pläne in Angriff genommen wurde, denn schon im Juli 1892 begannen die Gleisbauarbeiten auf einer Länge von 3.370 Metern vom Hauptbahnhof über die Bergstraße und den Marktplatz bis zum Wenzelstor. Wiederum nur einen Monat später konnten diese Arbeiten abgeschlossen werden. Als Straßenbahndepot diente ein bereits 1840 errichtetes stattliches Gebäude, das vom Militär als Reithalle des Naumburger Jägerbatallions genutzt worden war. In dem Gebäude am Heinrich-von-Stephan-Platz, das noch immer als Betriebsdepot fungiert, fand eine Wagenhalle mit Werkstatt Unterkunft. Wie noch heute gab es damals zwei Gleise in der Halle und ein Gleis neben der Halle im Freien.

Als erstes Rollmaterial dienten drei Kastendampflokomotiven des Münchener Herstellers *Krauss & Co.* Diese hießen passenderweise NAUMBURG, SAALE und UNSTRUT. Dazu kamen vier Personenwagen mit je zwölf Sitz- und Stehplätzen sowie zwei Gepäckloren, die von der *Waggonfabrik Gottfried Lindner* aus Halle-Ammendorf geliefert wurden.

Betriebsdirektor Ludwig Röder, dem Chef des neuen Unternehmens, unterstanden drei Zugführer, die auch die Lokomotiven instand hielten, und drei Kondukteure (Schaffner), die auch Heizer-Hilfsdienste leisteten. Außerdem beschäftigte der Betrieb einen Depotverwalter und zwei Gleisräumer. Letztere hatten dafür zu sorgen, dass die Gleisrillen frei von Schmutz blieben, um so Entgleisungen zu verhindern.

Die „Zicke" macht Dampf

Feierlich eröffnet wurde der Naumburger Dampfstraßenbahnbetrieb am 15. September 1892 – nur 74 Tage nach dem ersten Spatenstich.

Gegen 11 Uhr dieses Tages, es war übrigens ein Donnerstag, versammelten sich Mitglieder der Stadtverwaltung, Vertreter des Magistrats, Stadtverordnete sowie Aktionäre am Hauptbahnhof. Nach einer kurzen Eröffnungsrede von Direktor Röder fuhren die Ehrengäste in zwei geschmückten Dampfstraßenbahnzügen in die Innenstadt. Immer dichter wurde die Menschenmenge, Blumen wurden zugeworfen und sogar die Stadtkapelle begrüßte die ersten

Gruppenfoto zur Eröffnung der Dampfstraßenbahn am 15. September 1892 am Straßenbahndepot.

Fahrgäste musikalisch. Schließlich erreichten die beiden Züge die Endhaltestelle am Wenzelstor und die Ehrengäste begaben sich zum Frühschoppen in das Hotel „Schwarzes Roß“. Zum feierlichen Ausklang dieses für die Stadt bedeutenden Tages ließ Oberbürgermeister Kraatz im Rathaus eine Festtafel für 100 Personen ausrichten. In einer kurzen Ansprache würdigte er die große Mühe und die langwierige Arbeit des Komitees.

Im laufenden Betrieb wurde mit zwei Zügen eine Taktung im 15-Minuten-Abstand angeboten, der Fahrpreis betrug damals 15 Pfennig. Das konnte sich zwar nicht jeder leisten, dennoch war der Andrang anfangs sehr groß. Charakteristisch für die neue Dampfstraßenbahn war ihre zuckelnde Fahrweise, wovon sich der noch heute geläufige, aber schon längst nicht mehr zutreffende Spitzname „Wilde Zicke“ ableitete. Oft wurde die Bahn bespottet – vor allem, wenn den Loks auf der Fahrt in die Stadt auf der Steigung gewissermaßen die Puste ausging.

Aus dieser Zeit stammt das Lied der Naumburger Jugend – im schönsten heimatlichen Dialekt:

„Da steht die Bimmelbahn,
die kann den Berg nicht nan.
Da kimmt der Wärschtchenmann
und hängt sich hintendran.
Da guckt der Schaffner raus
und schimpft ihn tüchtig aus:
Hängst Du Dich hintendran,
Du dummer Wärschtchenmann,
komm ich erst recht nicht nan!“

Zwei Züge der Dampfstraßenbahn in einer Ausweichstelle laden zum Foto mit dem Personal ein.

Dampflok „Unstrut" gekuppelt mit einer Lore und Personenwagen.

Vom Markt kommend fährt der Zug durch die Jakobsstraße, um dann in Richtung Wenzelstor einzubiegen.

Ordentlich Dampf nach der Bewältigung der Bergstraße am Jägerplatz.

Und schon bald forderte der schnelle und einfache Bau seinen Tribut, indem es zu Absenkungen der Gleise sowie Schäden an den Anlagen und den Fahrzeugen kam. Die steigenden Instandhaltungskosten ließen den Betrieb immer teuerer werden, weswegen die Gesellschaft 1900 in Liquidation gehen musste und die Stadtverwaltung die Straßenbahn übernahm. Im selben Jahr beschrieb Oberbürgermeister Kraatz den schlechten Zustand folgendermaßen: „Die Schienen waren total verbraucht, der Untergrund hatte sich vielfach gesenkt, Maschinen und Wagen schwankten bedenklich beim Fahren auf und nieder, hin und her; es hieß, man brauche gar nicht auf See zu gehen, um seekrank zu werden, mit einer Fahrt auf unserer Straßenbahn erreichte man den gleichen Effekt. Und in der Tat, es war kaum noch zu ertragen, geschehen mußte was" – so der Kommentar des Stadtoberhaupts.

2

Die Elektrische fährt im Ring

Von Dampf zum Strom – ein neues Zeitalter beginnt

Kraft seines Amtes und unter seiner Leitung setzte der Oberbürgermeister, ein energischer Mann, die entsprechenden Planungen und die tatsächliche Umstellung des Straßenbahnbetriebes von Dampf auf elektrischen Antrieb durch, wozu natürlich auch das Bereitstellen der nötigen Antriebsenergie gehörte. Im Mai 1906 beschloss die Naumburger Stadtverordnetenversammlung den Bau eines Elektrizitätswerks, die Umstellung der Straßenbahn auf elektrischen Antrieb sowie die Verlängerung der Strecke vom Wenzelstor zum Roonplatz, dem heutigen Salztor.

Am 25. Oktober 1906 fuhr die alte Dampfbahn zum letzten Mal, worauf Gleise, Loks und Wagen weiterverkauft wurden – die drei Loks und die Gleise wohl an eine Berliner Firma. Im selben Monat begannen die Arbeiten zum Errichten der elektrischen Anlagen sowie das Verlegen der neuen Gleise auf nun verfestigtem Untergrund – offenbar hatte man aus den schlechten Erfahrungen der einfachen Bauweise aus der Dampfbahnzeit gelernt.

Nun fährt die Elektrische am Vorplatz des rechts stehenden Hauptbahnhofes ab, links das Bahnhofshotel Kaiserhof.

Gruppenbild vor dem Hotel Kaiserhof, gut zu erkennen sind die offenen Plattformen der ersten elektrischen Triebwagen.

Die neue Konzession traf Anfang Dezember in Naumburg ein und bereits am 15. Dezember 1906 waren auch die ersten vier neuen elektrischen Straßenbahnen da. Es waren zweiachsige offene Zweirichtungstriebwagen der *Waggon- und Maschinenfabrik AG (WUMAG)* aus Bautzen. Am gleichen Tag stand die Straßenbahn erstmalig unter Strom und im Beisein einer großen Menschenmenge fand eine erste Probefahrt statt. Die landespolizeiliche Abnahme erfolgte am 27. Dezember, die feierliche Betriebsaufnahme allerdings erst Anfang des nächsten Jahres, am 2. Januar 1907. Von ihrem ersten Tag an war die Bahn mit dem neuen Spitznamen „Ille" unterwegs. Dieser leitete sich von der „Elektrischen" ab, aus der umgangssprachlich ganz schnell „Ille" wurde. Manchmal hört man diesen Namen in Naumburg auch heute noch.

Auf der nun längeren Strecke von rund 3,5 Kilometern waren die Bahnen täglich von 6.30 Uhr bis 0.30 Uhr im Zehnminutentakt unterwegs. Der Fahrpreis betrug jetzt zehn Pfennig; Handgepäck war frei, anderes Gepäck kostete ebenfalls zehn und großes Gepäck 20 Pfennig. Die Münzen wurden in einen Zahlkasten eingeworfen. Im Einsatz waren vier Triebwagen (teilweise mit Beiwagen), zudem standen zwei Wagen als Reserve bereit.

Den Betrieb sicherten insgesamt zehn Wagenführer – so die damals übliche Bezeichnung für die natürlich uniformierten Fahrer –, die eine dunkelblaue Uniform geradezu militärischen Zuschnitts trugen, sechs Werkstatt- und Streckenarbeiter und ein Kontrolleur. Bereits ein Jahr später kamen Wagenwäscher dazu, um das Werkstattpersonal zu entlasten.

Anfangs war die finanzielle Lage der Bahn sogar so gut, dass sie keine Zuschüsse brauchte. Aus steuerrechtlichen Gründen lag dies aber gar nicht im Interesse der Stadt, sodass diese ab

Szene aus dem Fahrbetrieb der ersten Betriebsjahre der „Ille“. Hier biegt Wagen 5 vom Hauptbahnhof kommend in den Lindenring ein, um über den Markt zum Roonplatz zu fahren.

1910 die Stromgebühren und Verwaltungskostenbeitrag erhöhte. Diese Regelung blieb auch bestehen, als sich die wirtschaftliche Lage der Bahn verschlechterte und das Unternehmen in ernsthafte Schwierigkeiten kam.

Fahrzeugbeschreibung: Die ersten elektrischen Triebwagen

Den bei Aufnahme des elektrischen Betriebes zunächst vorhandenen vier Wagen folgten ein Jahr später zwei weitere. Ursprünglich waren diese Wagen mit sogenannten offenen Plattformen geliefert worden und wurden erst ab 1925/1926 verglast. Mit Inbetriebnahme der Ringbahn erhöhte sich der Wagenbedarf, und so kamen 1910 und 1914 drei nahezu baugleiche Wagen dazu. Sie waren noch bis in die 1950er-Jahre bei der Naumburger Straßenbahn im Einsatz.

Ab 1914 fuhr die Bahn im Ring, worauf auch eine entsprechende Beschilderung am Wagendach hinwies. Triebwagen 7 der zweiten Lieferserie ist bereits an den Plattformen verglast und wartet am Hauptbahnhof auf die Abfahrt.

Baujahr	Nummer 1-4 1906; Nummer 5 und 6 1907; Nummer 7 1910 und Nummer 8 und 9 1914
Hersteller	*Waggon- und Maschinenfabrik AG (WUMAG)* Bautzen; Wagen der Baujahre 1910 und 1914 aus Werdau elektrische Ausrüstung: *Siemens-Schuckert-Werke* Berlin
Länge	8.800 mm
Sitzplätze	16 längs
Stehplätze	14
Leistung	2 x 13 kW

Für den Betrieb mit Beiwagen lieferte die Waggonfabrik Gottfried Lindner in Ammendorf 1907 und 1914 je zwei solcher Fahrzeuge.

Ein Ring entsteht

Wenn von der Naumburger Straßenbahn die Rede ist, dann meist auch als der einzigen Ringbahn Europas. Die Schaffung der Ringstrecke begann kurz nach Umstellung des Fahrbetriebes von Dampf auf Strom, denn bereits im Februar 1907 diskutierten die Stadtverordneten in

Gleich mehrere Wagen stehen um 1930 am Hauptbahnhof bereit, um in die nächste Runde zu starten. Auch der Einsatz mit Beiwagen ist Betriebsalltag geworden.

einer öffentlichen Sitzung über die Weiterführung der Straßenbahn. Unter verschiedenen zur Auswahl stehenden Varianten, u. a. zur Schweinsbrücke in der Kösener Straße oder über den Lindenring, entschieden sie sich für einen Ausbau zu einer vollwertigen Ringbahn.

Der erste Abschnitt, die Weiterführung vom Roonplatz (heute Salztor) über die Pfortastraße (heute Weimarer Straße) bis zur Einmündung Michaelisstraße, wurde am 14. Mai 1910 in Betrieb genommen. Es folgten heftige Diskussionen über die weitere Streckenführung zum Hauptbahnhof, um eben dort den Ring zu vollenden, ehe Anfang 1913 die Aufsichtsbehörde die Genehmigung erteilte, die Strecke über den Moritzberg zu führen und damit wie gewünscht den Ring zu schließen.

Die Ringbahn wurde am ersten Osterfeiertag 1914 eingeweiht, sodass die Strecke nun 4,8 Kilometer lang war. Die gesamte Gleislänge mit Depot und Ausweichstellen betrug 5,3 Kilometer. Für den Betrieb sowohl im Uhrzeigersinn als auch gegen ihn wurde der Bestand an Triebwagen von sechs auf nunmehr neun erhöht. Der Ring war eingleisig, mit Ausweichstellen am Hauptbahnhof, Jägerplatz, Markt, Salztor und in der Michaelisstraße. Letztere wurde später an den Moritzplatz verlegt.

Während des Baus der Ringbahn gab es weitere Wünsche nach einer Streckenverlängerung, so nach einem Abzweig am Theaterplatz (dem heutigen Curt-Becker-Platz) über den Ostbahnhof bis zum neuen Friedhof in der Weißenfelser Straße. Noch mehr Interessenten wünschten sich eine neun Kilometer lange Überlandstrecke von der Thüringer Pforte über die Kösener Straße, Almrich und Schulpforte nach Bad Kösen. Deren Bau wurde zwar im Oktober 1911 beschlossen, das Projekt scheiterte jedoch an zu hohen Kosten. Oberbürgermeister Emil

Triebwagen 10 wirkt mit seinen komplett verschlossenen Plattformen gegenüber den anderen Wagen moderner, blieb aber ein Einzelstück.

Szene aus dem Betriebsalltag: Kaum hat der gut gefüllte kleine Triebwagen 2 den Hauptbahnhof erreicht, rennen schon die ersten Umsteiger zum Zug.

Kraatz hatte 1913 die Kommunalpolitik und Naumburg verlassen und der neue Magistrat fasste im April desselben Jahres den Beschluss, „der Bahnbau Naumburg-Kösen soll zur Zeit nicht betrieben werden“. Stattdessen übernahmen ab 1924 Busse diese Aufgabe.

Krieg und Krisenjahre – die Bahn in Schwierigkeiten

Der Erste Weltkrieg (1914–1918) sowie die nachfolgenden Krisenjahre bereiteten auch dem Straßenbahnbetrieb große Probleme. Zeitweise musste der Verkehr wegen Personalmangel ruhen oder wegen mangelnder Betriebsmittel eingeschränkt werden. Die ständig steigenden Beförderungsleistungen beanspruchten die Verkehrsanlagen sehr stark und führten zu einem hohen Verschleiß. Aufgrund von Sparverordnungen infolge der Inflation konnten jedoch eigentlich notwendige Instandsetzungen nicht ausgeführt werden.

Dennoch gelang es, den Fahrbetrieb bis auf kleinere Unterbrechungen aufrechtzuerhalten. Während der kurzen Erholungsphase zwischen Inflation und nachfolgender Weltwirtschaftskrise verbesserte sich die Situation in den Jahren 1927/28. Gleisanlagen und Rollmaterial wurden umfangreich instandgesetzt und ein zehnter Triebwagen kam dazu – ein ziemlich komfortables Fahrzeug.

Fahrzeugbeschreibung: Triebwagen Nummer 10

Zwischen Inflation und Weltwirtschaftskrise beschaffte die Naumburger Straßenbahn diesen Wagentyp als Einzelstück. Bis zu seiner Ausmusterung 1960 „erlebte“ der Wagen verschiedene Naumburger Lackierungen.

Baujahr	1927
Hersteller	*Nordwaggon* in Bremen
Sitzplätze	24
Leistung	2 x 17 kW

Während der Einsatzzeit von 1927 bis 1960 wurde die Lackierung mehrfach an die aktuelle Farbvariante angepasst.

1953 zeigte sich der Wagen vermutlich in dunklem Rot mit Außenwerbung. Werbung an den Wagen war eher ungewöhnlich, doch in dieser Zeit nicht unüblich.

In den letzten Einsatzjahren war der Wagen in der aktuellen Farbvariante in beige mit dunklen grünen Streifen unterhalb der Fenster unterwegs.

Ein neuer Schock: Die Weltwirtschaftskrise

Während über den weiteren Ausbau der Bahn in die wachsenden Stadtteile wie beispielsweise in das industriell geprägte Ostviertel mit dem Ostbahnhof diskutiert wurde, verhinderte die eintretende Weltwirtschaftskrise die Umsetzung solcher Pläne. Die Fahrgastzahlen stürzten in dieser Zeit gleichsam ab, und zwar von 1,5 Millionen auf nur noch 252.000 im Jahr.

Erst ab 1938 überstiegen sie wieder die Zahl von einer Million, jedoch war der Wagenpark bis auf den Triebwagen Nummer 10 völlig überaltert und die Werkstatt musste viel improvisieren. Um die völlig heruntergewirtschafteten Fahrzeuge instandsetzen zu können, hätte man diese vom Gleis nehmen müssen. Eine monatelange Betriebspause wäre die Folge gewesen, doch ließ der Ausbruch des Zweiten Weltkrieges 1939 eine solche nicht zu. Stattdessen musste der Betrieb weiter aufrechterhalten werden, doch konnte dies lediglich mit einfachen Mitteln geschehen. Nachdem der Ring nur noch in einer Richtung befahren worden war, musste im Februar 1940 der Straßenbahnverkehr zeitweilig völlig eingestellt werden. Dennoch nahm die Fahrgastzahl insgesamt enorm zu und erreichte die 2,5-Millionen-Grenze.

Am Holzmarkt entlang der Jakobsstraße fährt dieser Triebwagen durch die Innenstadt von Naumburg. Markant sind die Gebäude im Hintergrund mit ihren hohen Dächern, unter denen sich zur Kaufmanns- und Handelszeit viel Lagerraum bot.

Triebwagen 4 befährt vom Markt kommend die Jakobsstraße in Richtung Theaterplatz, dem heutigen Curt-Becker-Platz.

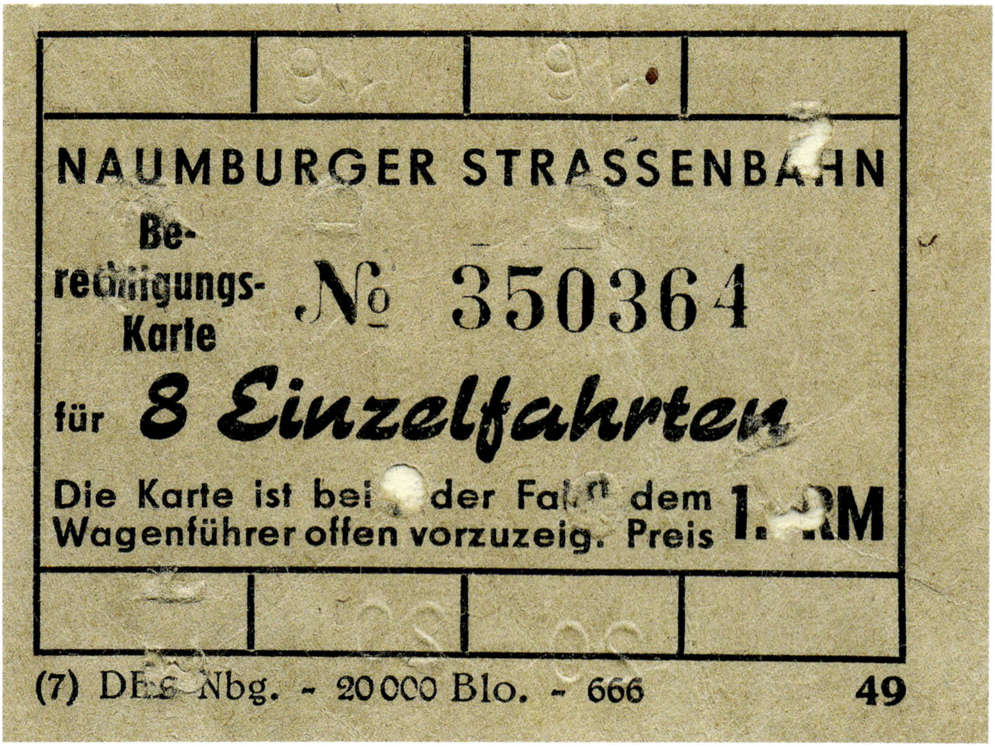

NAUMBURGER STRASSENBAHN

Berechtigungs-Karte № 350364

für 8 Einzelfahrten

Die Karte ist bei der Fahrt dem Wagenführer offen vorzuzeig. Preis 1.– RM

(7) DEs Nbg. - 20000 Blo. - 666 49

Die Stadt wurde erst zu Kriegsende Ziel von Bombenangriffen, von denen der am 12. April 1945 auch der Straßenbahn Schäden zufügte. Ein Triebwagen erlitt Totalschaden und auf dem Streckenabschnitt am Postring wurden Oberleitungen und Gleise zerstört. Erst im September desselben Jahres konnte der Ringbetrieb wieder aufgenommen werden.

Eine Ampel für die Straßenbahn und Hilfe für die Post

HALT, Straßenbahn – Eine Besonderheit der Naumburger Straßenbahn war die in den 1930er-Jahren errichtete Ampel an der Ecke Herrenstraße/Lindenring. Die wurde nötig, um die Ausfahrt der Bahn aus der engen Herrenstraße zum Lindenring gegenüber dem wachsenden Autoverkehr zu sichern. Ausgelöst wurde diese Ampel über einen Kontaktdraht, und dem kreuzenden Autoverkehr, der in Richtung Post unterwegs war, leuchtete nun ein Kasten auf. Auf rotem Hintergrund war mit weißer Schrift das Wort „HALT“ geschrieben. Nach 1945 wurde die Glasscheibe ausgetauscht und unter dem „HALT“ war in kyrillischen Buchstaben zusätzlich das russische Wort „Stoi“ hinzugefügt – eine kleine Hilfestellung für die sowjetische Besatzungsmacht.

Zwischen 1943 und 1945 gehörte der Postpendel zum gewohnten Straßenbild, Fahrgäste wurden nicht mitgenommen. Schmerzlich fehlte der eingesetzte Postwagen für den Personenverkehr.

Triebwagen 4 ist für den Postpendel zwischen Hauptbahnhof und Postamt am Depot entsprechend beschildert.

Anfang der 1920er-Jahre hatten die Reichspost und die Naumburger Straßenbahn ein Abkommen zur Postbeförderung geschlossen. Postangestellte mit Postbeutel benutzten die Bahn, doch für den Transport von Paketen hatte man keine praktikable Lösung gefunden, da der Platz in den Wagen zu knapp war. Hintergrund: Zwischen 1943 und 1945 musste der Post-Fuhrpark Kraftstoff einsparen, sodass Postbeutel und Pakete zwischen dem Postamt 1 neben dem Straßenbahndepot und dem Postamt 2 am Hauptbahnhof zu befördern waren. Dafür wurde ein Triebwagen aus dem Personenverkehr abgezogen, fehlte wegen des enormen Fahrgastzuwachses allerdings sehr. Als im wahrsten Sinne des Wortes beschilderter „Postwagen“ pendelte er zwischen Hauptbahnhof und Depot. Um beim Be- und Entladen am Bahnhof nicht den Linienverkehr zu behindern, war bereits 1927 ein Stichgleis gebaut worden, am Depot dagegen war das Verladen auf Gleis 3 unproblematisch. Auch wenn der reguläre Postbetrieb mit der Straßenbahn Ende 1945 eingestellt wurde, spielte das Thema später infolge einer Sonderpostbeförderung noch einmal eine Rolle.

3

Alles nach Plan: Die Naumburger Straßenbahn zu DDR-Zeiten

Am 7. Oktober 1949 wurde in Berlin die *Deutsche Demokratische Republik (DDR)* gegründet. Ein zweiter deutscher Staat war entstanden und begann seine eigenen planwirtschaftlichen Unternehmen aufzubauen. Wie in der gesamten damaligen *sowjetischen Besatzungszone (SBZ)* wurde auch die Naumburger Straßenbahn in die neu gebildeten *Kommunalen Wirtschaftsunternehmen (KWU)* eingegliedert. Mit dem ersten Fünfjahrplan der DDR (1951–1955) wurden alle Verkehrsbetriebe ab dem 1. Januar 1951 den Gemeinden zugeteilt und als *Volkseigene Betriebe (VEB)* bezeichnet. Im folgenden Jahr fand eine Verwaltungsreform statt, im Zuge derer die bisherigen Länder aufgelöst wurden und die Kreisstadt Naumburg zum neuen Bezirk Halle kam.

Der frisch vom Werk gelieferte Neuwagen Nummer 1 von Typ Lowa steht am Hauptbahnhof als „Jugendwagen" beschildert bereit zur Abfahrt.

Der zweite neue Wagen mit der Nummer 2 des Typs Lowa ist im August 1956 in der damals aktuellen Farbgebung in der Bahnhofstraße unterwegs.

Die ersten neuen Einheitswagen kommen

Mit der neuen Zeit kamen auch die dringend benötigten Neufahrzeuge: Am 1. Mai 1951 wurde der erste Wagen mit der Nummer 1 in Betrieb genommen, der in beige/rot lackiert war. Ein zweiter Neubautriebwagen wurde zwar 1951 geliefert, war aber erst im darauffolgenden Jahr einsatzbereit. Zusätzlich erhielten diese Fahrzeuge die Namen *Freundschaft* und *Jugend*. Beide gehörten zu den ersten neu entwickelten *Einheitswagen* aus dem *VEB Waggonbau Werdau*, die den jeweiligen Betrieben durch das *Ministerium für Verkehrswesen in der DDR* zugewiesen wurden. Allerdings sorgte ihr größerer Radstand von nun 3.000 Millimetern auf den engen Radien in der Innenstadt für Probleme, sodass sie 1957 nach Cottbus abgegeben wurden.

Fahrzeugbeschreibung: Lowa-Wagen

Es handelt sich um die ersten Neubaustraßenbahnfahrzeuge der DDR in einer vereinheitlichten Bauweise – ideal für eine große Serienproduktion für die sozialistischen Länder. Die Inneneinrichtung wirkte mit Holzfußboden und Holzsitzen in einfacher Bauweise zwar recht spartanisch, allerdings überzeugten ihre Leistungsstärke und das höhere Fassungsvermögen. Die Produktion wurde ab 1954 mit konstruktiven Verbesserungen zum *VEB Waggonbau Gotha* verlegt. Ein Teil der Fahrzeuge wurde in den 1970er-Jahren umfangreich generalsaniert (GR), wodurch sich auch das Erscheinungsbild der Wagen leicht änderte.

Baujahr	1951
Hersteller	*VEB Waggonbau Werdau*
elektrische Ausrüstung	*Lokomotivbau Elektrotechnische Werke (LEW)* Hennigsdorf
Länge	10.500 mm
Sitzplätze	22
Stehplätze	37
Leistung	2 x 60 kW

Zwischen 1980 und 1991 kamen weitere, im allgemeinen als Lowa-Wagen bezeichnete Fahrzeuge aus unterschiedlichen Baujahren und Bauausführungen in Naumburg zum Einsatz. Aus Plauen und Gera wurden je vier Wagen übernommen, aus Nordhausen einer und aus Halberstadt ein Beiwagen, diese allerdings als Einrichtungsfahrzeuge.

Heute sind noch folgende Wagen vorhanden:

Triebwagen 23	Baujahr 1956	abgestellt	
Triebwagen 29	Baujahr 1955	betriebsfähig	hellelfenbein/roter Zierstreifen
Beiwagen 1	Baujahr 1951	in Restauration	

Insgesamt nur zwei der Neubauwagen erhielt Naumburg. Der größere Radabstand verursachte allerdings Probleme, weshalb die Wagen 1957 nach Cottbus abgegeben werden mussten.

Aufbauwagen prägen das Naumburger Stadtbild

Als Ersatz für die beiden Neuwagen bekam der Betrieb 1956 und 1957 insgesamt acht kürzere sogenannte Aufbauwagen, die nun für die nächsten zwei Jahrzehnte das Naumburger Stadtbild mitprägten. Die Fahrzeuge waren zwischen 1909 und 1913 gebaut worden und zuvor in Leipzig im Einsatz. Sie wurden im *VEB Waggonbau Gotha* speziell für Naumburg umgebaut und ersetzten die inzwischen völlig verschlissenen Wagen aus der Anfangszeit der elektrischen Bahn vor damals fast 50 Jahren.

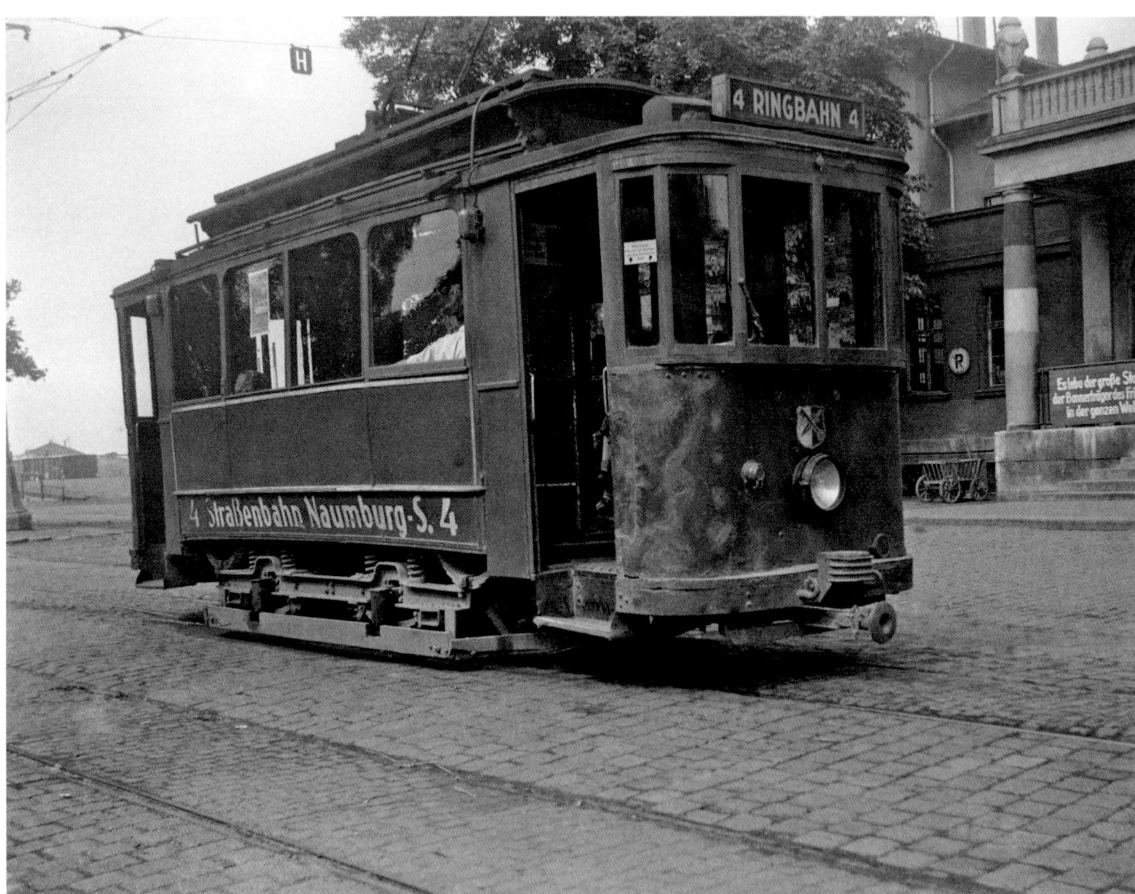

Dem Wagen Nummer 4 sind die mittlerweile 50 Jahre Einsatzzeit deutlich anzusehen. Die dringende Ablösung erfolgte mit der Lieferung der Aufbauwagen 1956.

Im April 1956 war Wagen 11 als erster sogenannter Aufbauwagen in der Jakobsstraße der Innenstadt unterwegs. ►

Die Triebwagen der ersten Generation sind unverzichtbar und weiterhin im Einsatz.

Am Hauptbahnhof kreuzen 1956 zwei Aufbauwagen. Losungen wie hier neben dem Bild des Ersten Sekretärs des ZK der SED Walter Ulbricht waren zu DDR-Zeiten etwas Normales. Im Vordergrund ist der Abzweig eines Abstellgleises zu sehen, das dem Postpendelwagen diente. Später wurden die per Eisenbahn angelieferten Straßenbahnwagen dort eingegleist.

Fahrzeugbeschreibung: Aufbauwagen

Um endlich die völlig verschlissenen Wagen der ersten Generation zu ersetzen, kamen 1956 und 1957 acht Triebwagen des neuen Typs nach Naumburg. Diese sogenannten Aufbauwagen wurden aus Leipziger Wagen weitgehend im *VEB Waggonbau Gotha* umgebaut und umgespurt. Ursprünglich stammen die Wagen aus den Jahren zwischen 1909 und 1913 und waren von unterschiedlichen Herstellern produziert worden – der *Aktiengesellschaft für Eisenbahn- und Militärbedarf Weimar*, der Firma *P. Herbrand & Co.* in Köln und der *Sächsischen Waggonfabrik Werdau AG*.

Baujahr	1909 Wagen Nummer 12 und 15 aus Köln
Baujahr	1911 Wagen Nummer 11 aus Weimar
Baujahr	1913 Wagen Nummer 13, 14, 16 bis 18 aus Werdau
Länge	9.200 mm
Sitzplätze	18
Stehplätze	39
Leistung	2 x 50 kW (Tw 14: 2 x 37,5 kW)

Es gibt noch einen Triebwagen dieser Serie, allerdings nicht in Naumburg, sondern im Straßenbahnmuseum in Halle.

Die neu gelieferten Aufbauwagen werteten den Wagenpark deutlich auf.

Blick in den Fahrgastraum und den Fahrerstand der neuen Fahrzeuge.

Zwei passende, aus Halle an der Saale stammende Beiwagen baute die Naumburger Firma *Fahrzeug- und Karosseriebau Ernst Voll* in der Kösener Straße um. Um diese dann auch tatsächlich einsetzen zu können, wurden vier Triebwagen entsprechend technisch angepasst. Der Beiwagenbetrieb erfolgte grundsätzlich nur in der Stammrichtung – entgegen dem Uhrzeigersinn.

Anlieferung der zwei Beiwagen aus Halle, die von der Naumburger Firma Ernst Voll neu aufgebaut wurden.

Beiwagen Nummer 1 im neuen, dem Aufbautriebwagen angepassten Wagenkasten.

Beiwagen Nummer 1 erhielt ein lichtdurchlässiges Dach und Holzsitze …

… Beiwagen Nummer 2 zwar nur ein „normales" Dach, dafür aber Polstersitze.

Auch die ebenfalls heruntergewirtschaftete Infrastruktur – dazu gehören hauptsächlich die Gleise und elektrischen Anlagen – wurde instandgesetzt. Und das war auch längst überfällig.

Im April 1955 errichtete man eine neue Umspannstation für die Stromversorgung und eine Quecksilberdampf-Gleichrichterstation. Anschließend wurde im Depot die Werkstatt modernisiert und die Haltestellen erhielten neue Unterstände des Typs *Berlin* mit Beleuchtung. Ab 1956 wurden die Gleisanlagen sowie die Weichen an den Ausweichstellen erneuert.

16	17	18	19	20	21	22	23	24	25	26	27	28	29	30	31
16	17	18	19	20	21	22	23	24	25	26	27	28	29	30	31
16	17	18	19	20	21	22	23	24	25	26	27	28	29	30	31
16	17	18	19	20	21	22	23	24	25	26	27	28	29	30	31

VEB (K) Straßenbahn Naumburg/S.

Monatskarte

für Rudolf Müller Nr. 46188

DM **3.–** Gültig vom 1.10. bis 31.10.56 Nicht übertragbar

1	2	3	4	5	6	7	8	9	10	11	12	13	14	15
1	2	3	4	5	6	7	8	9	10	11	12	13	14	15
1	2	3	4	5	6	7	8	9	10	11	12	13	14	15
1	2	3	4	5	6	7	8	9	10	11	12	13	14	15

Ebenfalls im Juni 1965 ist ein Zug in der Poststraße auf der Linie 1 (entgegen dem Uhrzeigersinn) unterwegs. Die damalige Farbvariante war beige mit Beschriftung und Zierstreifen in grün. ►

Nachdem der Ring zuletzt 1939 in beiden Richtungen befahren worden war, konnte dies nun wieder ab dem 1. Januar 1957 geschehen. Die neue Linie 1 verlief gegen den Uhrzeigersinn, die Linie 2 mit diesem. Um dem hohen Bedarf gerecht zu werden, wurde mit sechs Triebwagen im 10-Minuten-Takt gefahren. Dafür waren nun 20 Fahrer und 20 Schaffner, zehn Schlosser und Elektriker sowie 30 Verwaltungsangestellte im Einsatz. Die meisten Schaffner und einige Fahrer waren Frauen.

Wagen Nummer 16 wartet im Juni 1965 an der Haltestelle Roßbacher Straße. Gut zu erkennen sind die Beschilderung „OS" (ohne Schaffner) sowie die lehrreichen Sprüche an den Wagen zur Unfallverhütung.

Die Fahrgastzahlen steigen – und der Verschleiß auch

Wegen der großen Zahl von Berufspendlern im Schichtbetrieb, vor allem von und zu den Leuna-Werken, waren die Straßenbahnen in der Hauptverkehrszeit oft überfüllt. Um wenigstens etwas Abhilfe zu schaffen, kamen 1958 zwei 40 Jahre alte Beiwagen nach Naumburg. Diese wurden bei der schon erwähnten *Fahrzeug- und Karosseriebaufirma Ernst Voll* in der Kösener Straße umgebaut und ab 1959 hinter Aufbautriebwagen ausschließlich auf der Linie 1 eingesetzt. Als Zugfahrzeuge kamen nur die mit Kleinspannungsanlage umgebauten Triebwagen 15 bis 18 zum Einsatz. Der Triebwagen war Inhabern von Sichtkarten vorbehalten, während im Beiwagen Fahrkarten beim Schaffner gelöst werden konnten. Im Oktober 1962 wurde der schaffnerlose Betrieb (OS-Betrieb) eingeführt und die anfangs verwendeten Zahlkästen drei Jahre später durch Zahlboxen mit Kontrollschein ersetzt.

Täglich nutzten jetzt rund 10.000 Fahrgäste die Straßenbahn – mehr, als die Fahrzeuge auf Dauer verkraften konnten. Auch die Gleisanlagen waren erneut auf Verschleiß gefahren worden und es drohte die sogar offiziell verkündete Einstellung des Betriebes. Damit wäre es Naumburg ähnlich gegangen wie den vergleichbaren Kleinbetrieben in Stralsund, Mühlhausen und Eisenach, wo der bisherige Straßenbahnbetrieb 1966, 1969 und 1975 eingestellt wurde. Dass es in Naumburg nicht so kam, lag zum einen an der Erdölkrise 1973 und zum anderen an heftigen Protesten der Naumburger Bevölkerung.

Start jeder Runde ist der Hauptbahnhof, hier kreuzen ein Lindner und ein Aufbauwagen.

Blick aus dem Fahrerstand auf den Moritzplatz. Nach der planmäßigen Kreuzung geht es den Moritzberg hinauf.

Aufbauwagen Nummer 15 hat es fast geschafft, den engen Moritzberg zwischen den schönen Häusern hinaufzufahren.

Schon fast dörflich wirkt diese Szene, als der Wagen in Richtung Hauptbahnhof ebenfalls am Moritzberg unterwegs ist.

Lindner-Triebwagen Nummer 14 biegt zwischen den kleinen und etwas größeren Häuserbauwerken außerhalb der Innenstadt gleich rechts in die Paul-Heese-Straße ein.

Die nächste Kreuzungsmöglichkeit besteht am Salztor, wo der Ein- und Ausstieg auf einer Seite zur Straße hin erfolgt.

Zwischen Salztor und Vogelwiese verläuft die Trasse zwischen einer Baumallee, was ihr den Charakter einer Überlandstraßenbahn verleiht.

Die Haltestelle Platz der Einheit (heute: Curt-Becker-Platz). Das Gebäude im Hintergrund diente einst als Theater, nach Umbau der Fassade residiert hier nun die SED-Kreisleitung.

Vom Platz der Einheit verläuft die Strecke durch die Jakobsstraße zum Wilhelm-Pieck-Platz. Links ein als „Haus des Kindes" bezeichneter Spielzeugladen.

Reges Ein- und Aussteigen herrscht an der Haltestelle auf dem Wilhelm-Pieck-Platz (heute: Markt).

Bevor es in die Herrenstraße geht, kommt der Gegenwagen. Gut zu erkennen ist der enge Straßenquerschnitt, den sich Straßenbahn, Autoverkehr und Fußgänger teilten.

Entlang des Lindenrings wird gleich die große Kurve erreicht, indem die Fahrtrichtung zum Hauptbahnhof um fast 180 Grad geändert wird.

Am Friedensplatz (heute: Jägerplatz) findet die letzte „Kreuzung" neben einem himmelblauen Trabant statt, bevor der Wagen die Gefällestrecke zum Hauptbahnhof weiter befahren kann.

Die Ringbahn wird unterbrochen

Als Ersatz der Aufbauwagen waren bereits ab 1972 gebrauchte Triebwagen des Typs *Lindner* unterwegs. Diese waren zwar veraltet, konnten aber deutlich mehr Fahrgäste aufnehmen, was den Beiwagenbetrieb entbehrlich machte.

Für 1974 und 1976 waren im Generalverkehrsplan der DDR mehrere Neubaustrecken geplant. Doch nicht nur, dass deren Bau unterblieb – am 12. April 1976 wurde überdies die Ringbahn unterbrochen, um in der Innenstadt eine Fußgängerzone schaffen zu können. Deswegen konnte die Innenstadtstrecke über den Wilhelm-Pieck-Platz (Marktplatz) nicht mehr befahren werden und die Straßenbahn pendelte stattdessen vom Lindenring über den Hauptbahnhof zum Platz der Einheit (ab 1991 Theaterplatz, ab Mai 2019 Curt-Becker-Platz). Erneut gab es heftige Kritik und Einwohnerproteste.

Ungewöhnlicher Winterdienst am Neujahrstag 1979

Winterdienst am 1. Januar 1979 mit Lindner-Wagen und Lore zum Salzstreuen auf die Schienen.

Doch dies reichte gegen die hohen Schneemassen nicht aus. Mittels zweier gekuppelter Wagen mit je einem Fahrer wurde die Strecke freigefahren.

Ausfahrt aus der Straße der Jugend in die Roßbacher Straße. Typisch auf den Dächern sind die vielen Fernsehantennen und die Schornsteinköpfe der kohlegefeuerten Einzelofenheizungen.

Die nur mechanisch gekuppelten Triebwagen erreichen über den Moritzberg die Paul-Hesse-Straße (heute: Michaelisstraße).

Ein Jahr später – ein normaler Wintertag am 31. Dezember 1979. Triebwagen 17 fährt von der Friedrich-Ebert-Straße (heute: Jägerstraße) auf den Friedensplatz (heute: Jägerplatz).

Im Ergebnis einer technischen Überprüfung musste der Betrieb 1979 völlig eingestellt werden. Die *Staatliche Bahnaufsicht Erfurt* hatte festgestellt, dass viele der Triebwagen völlig verschlissen waren und einige stillgelegt werden mussten, wonach letztlich tatsächlich nur noch ein Fahrzeug einsatzfähig war. Unter normalen Umständen wäre der Betrieb auf Busse umgestellt worden. Dies untersagte jedoch das *Ministerium für Verkehrswesen der DDR* wegen weiter steigender Ölpreise. Um den Fahrbetrieb wieder aufnehmen zu können, wurden einige Fahrzeuge repariert und die Gleisanlagen behelfsmäßig instandgesetzt.

Wagenbeschreibung: Lindner

Es handelt sich um Erzeugnisse der *Waggonfabrik Gottfried Lindner* in Halle-Ammendorf. Die neun nach Naumburg abgegebenen Wagen waren teils ein halbes Jahrhundert in Halle im Einsatz, bevor sie in Naumburg die verschlissenen, zu kleinen Aufbauwagen ersetzten. Einige Triebwagen wurden noch vor ihrer Ankunft einer Rekonstruktion mit dem Einbau einer zusätzlichen Kleinspannungsanlage unterzogen.

Baujahre	1927 und 1928
Hersteller	*Gottfried Lindner AG*
elektrische Ausrüstung	*Siemens-Schuckert-Werke*
Länge	10.150 mm
Sitzplätze	24
Stehplätze	42
Leistung	2 x 50 kW

Heute sind noch folgende Wagen vorhanden:

Triebwagen 17	Baujahr 1928	betriebsfähig	beige/roter Zierstreifen

Obwohl die Lindner-Wagen bereits in Halle rund 50 Jahre im Einsatz gewesen waren, kamen in Naumburg noch einmal rund 20 Jahre dazu, bevor auch diese mittlerweile verschlissenen Fahrzeuge ersetzt wurden.

Neuer Name – neuer Ring – neue gebrauchte Wagen

In der gesamten DDR legte man Anfang der 1980er-Jahre kleine und mittelgroße Straßenbahnbetriebe mit größeren Verkehrskombinaten zusammen. So wurde am 1. Januar 1982 auch der bisherige *VEB (K) Straßenbahn Naumburg/Saale* dem Betriebsteil Naumburg des *VEB Kraftverkehr Zeitz* zugeteilt, welcher selbst Teil des *VE Verkehrskombinats Halle* war.

Ab 1980 verjüngten gebrauchte Wagen der Typen Lowa, Gotha und Tatra T2D den Fahrzeugpark. Sie kamen aus den größeren Städten Halle, Plauen und Gera, die Tatra-Neufahrzeuge erhalten hatten. Aber auch aus dem kleinen Betrieb Nordhausen wurden Wagen nach Naumburg umgesetzt.

Der Einsatz der Lowa-Wagen war jetzt unproblematisch möglich, da im Gegensatz zu den 1950er-Jahren die Innenstadtstrecke mit ihren engen Radien nicht mehr befahren wurde. Stattdessen verlief die Ringbahn ab Dezember 1981 auf einer neuen Strecke entlang des Marienrings zwischen Depot und Platz der Einheit (heute: Curt-Becker-Platz).

Im Zuge dieser Baumaßnahme wurden die Einfahrgleise zum Straßenbahndepot verändert, ein zweites Gleis neben der Halle und zusätzlich ein Gleisdreieck zum Drehen angelegt, um das ungleichmäßige Abnutzen der Räder zu verhindern, was man fachmännisch als Spurkranzverschleiß bezeichnet.

Der Ring wird neu geschlossen

Mit der Unterbrechung des Ringes über den Marktplatz 1976 wendeten die Linienwagen hier am Platz der Einheit (Curt-Becker-Platz).

Der neue Ringschluss erfolgte durch den Bau einer rund 300 Meter langen Strecke durch die Baumallee entlang des Marienrings.

Die Eröffnung und Betriebsaufnahme der neuen Ringstrecke erfolgte zwischen Weihnachten und Neujahr, am 30. Dezember 1981.

Der neu gestaltete Platz der Einheit mit Ausweiche wird im Juni 1982 von Einrichtungswagen befahren.

Ungewöhnliche Wagen im Einsatz

Einige der gebraucht übernommenen Fahrzeuge aus anderen Städten waren zunächst mit ihrer alten Lackierung und Betriebsnummer unterwegs, so etwa der Lowa-Triebwagen 31 aus Nordhausen. Später wurde dieser in Orange umlackiert und erhielt seine richtige Nummer 24.

Andere solcher Fahrzeuge befuhren nur wenige Einsatztage die Naumburger Strecke, wie der Gotha-Wagen Nr. 30 mit richtiger Betriebsnummer, aber in der Nordhäuser Lackierung.

Im kompletten Erscheinungsbild der Plauener Straßenbahn fährt Lowa-Triebwagen 71 entlang der Roßbacher Straße. Die Lackierungsvariante „oben beige, unten rot-schwarzer Streifen" wurde übernommen, ehe der Wagen später lediglich seine richtige Betriebsnummer 23 erhielt.

Erstmalig kamen auch sogenannte Einrichtungstriebwagen zum Einsatz. Aufgrund ihrer Bauform mit nur einem Fahrerstand und den Türen auf einer Seite waren diese unproblematisch auf der Ringstrecke einsetzbar.

Wagenbeschreibung: Gotha-Wagen

Bei diesem Wagentyp handelt es sich um den Nachfolger des Lowa-Wagens mit verbesserter Konstruktion. Im Innenraum dominiert immer noch das Holz, die Sitze sind allerdings aus gepolstertem Kunstleder und der Fußboden mit Belag ausgestattet. Die Serienproduktion begann 1957 in Gotha, wobei Trieb- und Beiwagen sowie Zweirichtungs- und Einrichtungswagen gebaut wurden. Die meisten Fahrzeuge bekamen in den 1970er-Jahren eine umfassende Generalsanierung (GR) und standen weitere Jahrzehnte im Einsatz.
Den ersten Wagen dieses Typs erhielt Naumburg 1981 gebraucht aus Nordhausen. In den folgenden Jahrzehnten kamen weitere gebrauchte Wagen sowohl in Einrichtungs- als auch Zweirichtungsvariante aus Halle/Saale, Plauen, Frankfurt/Oder und Jena zum Einsatz.

Nach mustergültiger Restauration 2008 in Magdeburg ist der Gotha-Triebwagen 37 mit seinen typischen Alu-Zierleisten im täglichen Betrieb anzutreffen.

Anzahl gesamt	neun Wagen, davon sind drei vorhanden
Baujahre	1959 bis 1961
Hersteller	*VEB Waggonbau Gotha*
elektrische Ausrüstung	*Lokomotivbau Elektrotechnische Werke (LEW) Hennigsdorf*
Länge	10.900 mm
Sitzplätze	22
Stehplätze	37
Leistung	2 x 60 kW

Heute sind noch folgende Wagen vorhanden:

Triebwagen 36	Baujahr 1961	abgestellt	beige/roter Zierstreifen
Triebwagen 37	Baujahr 1959	betriebsfähig	hellelfenbein (Farbvariante der Straßenbahn Stralsund)
Triebwagen 38	Baujahr 1960	betriebsfähig	hellelfenbein/orange
Triebwagen 202 (G-4)	Baujahr 1965	abgestellt	
Beiwagen 14	Baujahr 1959	abgestellt	

Wagenbeschreibung: T2D

Auf Beschluss des *Rates der Gegenseitigen Wirtschaftshilfe (RGW)* der sozialistischen Länder kam es zur Verlagerung der Produktion von Straßenbahnen in die Tschechoslowakei (heute Tschechien). Im dortigen CKD-Werk Prag wurden bereits die Tatra-Wagen T3 in Serie produziert, doch waren diese wegen ihres hohen Gewichtes und des größeren Fahrstrombedarfs in fast keinem Betrieb der DDR nutzbar. Um dennoch die Belieferung zu gewährleisten, produzierte das Werk in den Jahren 1967 und 1968 den T2D, einen Lizenznachbau des Wagentyps Gotha. Insgesamt sieben dieser Einrichtungswagen gab die Hallesche Straßenbahn nach Naumburg ab.

Baujahre	1967 bis 1968
Hersteller	*CKD Tatra Prag*
elektrische Ausrüstung	*Lokomotivbau Elektrotechnische Werke (LEW) Hennigsdorf*
Länge	10.900 mm
Sitzplätze	22
Stehplätze	60
Leistung	2 x 60 kW

In Naumburg gibt es heute allerdings kein Fahrzeug dieses Typs mehr.

Die CKD-Wagen waren nicht lange im Einsatz. Triebwagen 46 kam 1982 nach Naumburg und wurde nach einem Unfallschaden bereits zwei Jahre später ausgesondert.

Anlieferung der T2D aus Halle/Saale

Die CKD-Wagen wurden per Eisenbahn am Hauptbahnhof angeliefert und mittels Lkw vom Waggon auf das Pflaster bugsiert. Stand der Wagen falsch herum, wurde er wie hier auf dem Pflaster gedreht und bis in das Gleis gezogen.

Nach dem Eingleisen wurde der künftige Wagen Nummer 43 von einem Lkw in das Straßenbahndepot geschleppt.

Die CKD-Wagen wurden in komplettem Weiß angeliefert und erhielten erst in eigener Werkstatt ihren orangen Lack nebst Stadtwappen und Betriebsnummer.

Die neue Naumburger Farbgebung beige-orange trägt Lowa-Triebwagen 24, der zuvor als Nordhäuser Wagen 31 unterwegs war. Hier kreuzt dieser am Friedensplatz (Jägerplatz) den Lowa 22, der noch die Lackierung der Plauener Straßenbahn trägt.

Vor dem Straßenbahndepot zeigt sich Lowa-Triebwagen 20 mit richtiger Nummer, allerdings ebenfalls in Plauener Lackierung mit Stadtwappen.

Im Zuge des neuen Ringschlusses über den Marienring änderten sich auch die Gleiseinfahrten zum Depot. Bisher waren diese von hier aus gesehen nach links gerichtet und verlaufen, wie im Hintergrund zu sehen, bis auf eine Ausnahme nun in die andere Richtung.

Als letzter Naumburger Altwagen konnte der 1978 angeschaffte Lindner-Triebwagen Nummer 17 als Sonderwagen erhalten und damit vor seiner drohenden Verschrottung bewahrt werden. Zum neunzigsten Jubiläum der Naumburger Straßenbahn im Jahr 1982 zeigte er sich in der DDR-typischen Lackierung für Sonder- und Museumswagen in grün.

Der erneuten Verschrottungsgefahr entging er 1984 durch eine Sonderpostbeförderung im Auftrag des *Philatelistenverbandes im Kulturbund der DDR – Arbeitsgemeinschaft (AG) Naumburg* zum Jubiläum „80 Jahre Philatelie in Naumburg". Die Postverladung erfolgte auf dem Lindenring; der dortige Streckenabschnitt wurde und wird bis heute planmäßig nicht mehr befahren. Zumindest für die nächsten Jahre war der Wagen damit außer Lebensgefahr und sein weiterer Erhalt als Sonderfahrzeug gesichert.

Für die Sonderpostbeförderung mit der Straßenbahn wurden Karten und Briefe gestaltet.

Am 7. April 1984 absolvierte der Lindner-Triebwagen 17 im Auftrag des Philatelistenverbandes im Kulturbund der DDR – AG Naumburg eine Sonderpostbeförderung. Hier wird die Post am Lindenring stilecht umgeladen.

Als Sonderfahrzeug in der Lackierung grau und grün wurde der historische Lindner-Triebwagen 17 über die Zeiten gerettet.

Für die seit Jahren immer wieder anfallenden Reparaturen an den Gleisen standen zum großen Teil nur gebrauchte Schienen und Schwellen zur Verfügung. Daher war es nur eine Frage der Zeit, bis die nächsten Reparaturen fällig wurden.

Zwischen Januar 1986 und Juni 1987 stand der Betrieb erneut still, um dringend notwendige Arbeiten an den Gleis- und Fahrleitungsanlagen durchführen zu können. Diesmal wurde auch das Bahnstrom-Unterwerk zur Stromversorgung neugebaut und der Quecksilberdampf-Gleichrichter ging außer Betrieb. Außerdem wurden die Wagenhalle und die Werkstatt etwas modernisiert.

Nach Abschluss dieser Arbeiten fuhren die Bahnen nur als Linie 1 entgegen dem Uhrzeigersinn. Im Juli 1987 wurde der Fahrscheinvertrieb von Zahlboxen auf Vorverkauf an Kiosken umgestellt und die Fahrkarten mussten in der Bahn durch Lochung entwertet werden.

Um den wieder notwendigen Beiwagenbetrieb erneut aufnehmen zu können, wurde Ende 1987 ein gebrauchter Beiwagen des Typs Lowa aus Halberstadt beschafft und 1988 folgten zwei weitere gebrauchte Beiwagen, diesmal des Typs Gotha aus Plauen. Auch betrieblich gab es nochmals eine Änderung, indem fortan ausschließlich die Linie 2 im Uhrzeigersinn verkehrte.

Kleinstadtidylle mit Lowa-Zug: Triebwagen Nummer 26 und Beiwagen Nummer 1 in der Paul-Hesse-Straße (Michaelisstraße).

4

Die Naumburger Straßenbahn während der Wende und danach

Mit der politischen Wende 1989/90 und der damit verbundenen Wiedervereinigung in eine gemeinsame Bundesrepublik Deutschland war der Übergang von der Plan- in die Marktwirtschaft verbunden. Wegen der jahrzehntelangen Versäumnisse bei der grundhaften Instandsetzung der Gleisanlagen befanden sich diese größtenteils in völlig desolatem Zustand. Die zweiachsigen Gebrauchtfahrzeuge waren 30 Jahre alt und zum Teil sogar noch älter. Außerdem brachen die Fahrgastzahlen während und kurz nach der Wende um mehr als die Hälfte ein – laut letzter Statistik aus dem Jahr 1981 von 1,6 Millionen bei steigender Tendenz auf geschätzte 700.000 im Jahr 1991.

Gründe dafür waren zum einen die jetzt zunehmende private Motorisierung und zum anderen massenhafte Entlassungen in den Leuna-Werken – Arbeitslosigkeit statt Schichtarbeit.

Wie geht es jetzt weiter?

Um moderne Straßenbahnen einsetzen zu können, wären erhebliche Veränderungen an den ohnehin verschlissenen Gleisen nötig gewesen, aber auch der Umbau der Werkstatt und weiterer Bahnanlagen. Die dafür nötigen Kosten wurden zunächst auf zwölf Millionen D-Mark geschätzt, später sogar auf 14 Millionen. Eine solche Summe konnte die Stadt jedoch keinesfalls aufbringen, weshalb die Zukunft der Naumburger Straßenbahn wieder einmal in Frage gestellt war.

Mit einer solchen Sicht wollten sich aber viele Naumburger nicht abfinden. Und so setzten sich die Straßenbahnbefürworter Andreas Plehn und Carsten Tranz unabhängig voneinander für „ihre" Bahn ein. Während der eine Flugblätter an Haltestellen anbrachte, sammelte der andere Unterschriften zum Erhalt der Bahn. Auf diese Weise kamen die beiden Aktivisten zusammen und im Januar 1990 gründete sich die Initiativgruppe „Rettet die Straßenbahn". Das war zugleich der Beginn eines bisher ungebrochenen bürgerschaftlichen Engagements für das weitere Bestehen der in Europa einzigartigen Ringbahn. Mit Unterschriftensammlungen und Diskussionsrunden brachte man das Thema in die Öffentlichkeit.

Eine Warnung aus der Partnerstadt Aachen

Gleich nach ihrer Gründung trat die Initiativgruppe auch öffentlich in Erscheinung. Anlass war das Angebot der Bielefelder Straßenbahn, den Naumburgern kostenlos mehrere gebrauchte, dort nicht mehr benötigte Gelenktriebwagen zu überlassen. Jedoch reagierten weder der VEB Kraftverkehr Zeitz noch die Stadt Naumburg auf dieses Angebot. In einem Schreiben an den

Triebwagen Nummer 31 durchfährt 1990 mit einem Beiwagen die Bahnhofstraße.

Runden Tisch der Stadt forderte die Initiativgruppe, das Angebot zu prüfen und anzunehmen. Es wurde aber abgelehnt und statt in Naumburg fahren die Bielefelder Wagen seit Juni 1990 im polnischen Łódź. Hintergrund für die aus heutiger Sicht unverständliche Entscheidung, die auch ein ähnliches Angebot aus Mainz betraf, war die Tatsache, dass der Straßenbahnbetrieb noch bis Ende 1990 der von der *Treuhand* verwalteten *Zeitzer Verkehrsgesellschaft (ZVG)* als dem Nachfolger des *VEB Kraftverkehr Zeitz* gehörte.

Daher wurden auch anderweitige Hilfsangebote aus allen Teilen der noch existierenden DDR und der alten Bundesrepublik Deutschland (BRD) ausgeschlagen, die eingegangen waren, nachdem sich die Initiativgruppe im April 1990 in einem per Brief verschickten Rundschreiben an alle 55 Straßenbahnbetriebe Deutschlands mit einem Hilferuf und der dringlichen Bitte gewandt hatte, Naumburg Rillenschienen, Weichen, Fahrleitungen und Fahrzeuge zur Verfügung zu stellen.

Viele Bürger diskutierten damals in der Tageszeitung intensiv über den Erhalt und den Ausbau ihrer Straßenbahn. Die Befürworter wollten die Bahn nicht missen und argumentierten mit Schlagworten wie „umweltfreundliches Verkehrsmittel“, „städtisches Wahrzeichen“, „einmalig in Europa“ und „Touristenattraktion“. Die Gegner begründeten ihre Ansichten hingegen mit vorwiegend ökonomischen Argumenten, wonach die Bahn nicht flächendeckend aufgestellt sei und den Haushalt der Stadt belaste. Wie man sieht, standen sich damals zwei sehr gegensätzliche Meinungen gegenüber: Während die einen eine große Chance sahen, diese einmalige Ringlinie zu erhalten, standen bei den anderen finanzielle Bedenken im Vordergrund – vor allem wegen der künftig zu erwartenden Betriebskosten.

Obwohl sich vor den ersten freien Wahlen im März 1990 alle Parteien für den Erhalt der Naumburger Straßenbahn aussprachen, blieb nach der Wahl von diesen Versprechen kaum etwas übrig.

Die Wagen sind nun mit Werbung versehen, doch nur Triebwagen 31 bekam eine Vollreklame.

Der Oberbürgermeister der Partnerstadt Aachen, Dr. Jürgen Linden, warnte davor, den gleichen Fehler wie Jahre zuvor in seiner Kommune zu wiederholen, als die Straßenbahn dort wegen angeblicher Unrentabilität eingestellt worden war. Die unübersehbaren Folgen waren steigender Individualverkehr und eine regelrecht „autoverstopfte" Stadt.

Gleicher Ansicht wie der OB von Aachen war auch der Student Robert Wittek, angehender Verkehrsplaner aus Heidelberg. Er entwickelte ein neues Verkehrskonzept, das nicht nur ein modernisiertes Straßenbahnnetz, sondern auch die Eisenbahnstrecken Richtung Freyburg und Wethau einbezog.

Ein Vorbild dafür gab und gibt es mit dem „Karlsruher Modell", welches das Bedienen von Strecken aus dem Umland in die Stadt ohne Umsteigen vorsieht. Das Problem der unterschiedlichen Spurweiten (Straßenbahn: 1.000 Millimeter, Eisenbahn: 1.435 Millimeter) sollte nach dem Vorschlag Witteks durch das Einsetzen einer dritten Schiene gelöst werden, fachlich als Dreischienengleis bezeichnet.

Um seine Projektidee realisieren zu können, stellte Wittek im September 1990 bei der Treuhand den Antrag, ihm als Privatperson die Straßenbahn zu übertragen. Die Treuhand reagierte anders und bot der Stadt Naumburg selbst an, die Straßenbahn zu übernehmen und setzte damit Politik und Verwaltung gehörig unter Druck. Tatsächlich fühlte sich die Stadt nun gezwungen, diese Offerte anzunehmen, denn nur so ließe sich Einfluss auf die Bahn nehmen, hieß es damals aus dem Rathaus.

Aus der Sorge heraus, der Fahrbetrieb könnte mit Ende der Konzession im März 1991 eingestellt werden, startete die Initiativgruppe am 27. Dezember 1990 eine weitere Unterschriftensammlung zum Erhalt der Straßenbahn. Bis Ende Januar 1991 bekundeten 3.125 Einheimische ihre Sympathie für die „Ille". Das entsprach etwa zehn Prozent der damaligen Einwohnerzahl.

Triebwagen Nummer 32 befährt die Weimarer Straße, in der die unterschiedlichen Pflastersteine gut zu erkennen sind. Im Hintergrund ist die Turmspitze der Wenzelskirche zu sehen.

In der Bahnhofstraße hält Triebwagen Nummer 41, letzter des Typs T2D der Lieferung aus Halle 1982.

Eine seltene Zugzusammenstellung aus Lowa-Triebwagen 26 und Gotha-Beiwagen 12 zeigt sich am Salztor. Der Straßenverkehr nimmt hier immer mehr zu.

Aus der Initiativgruppe heraus gründete sich am 18. Juni 1991 der Verein *Naumburger Verkehrsfreunde e. V.* Sein Ziel war und ist der Erhalt der einzigartigen Ringstraßenbahn und die Rettung der historischen Fahrzeuge. Als dafür geeignete Mittel wurden und werden u. a. öffentlichkeitswirksame Vorträge und Diskussionsrunden sowie Fahrveranstaltungen angesehen. Hier die entsprechende Passage aus der finanzamtstauglich formulierten Vereinssatzung:

„Zweck des Vereins ist es, alle an Fragen des Verkehrswesens Interessierten, insbesondere alle Freunde des Schienenverkehrs zu Vorträgen, Zusammenkünften, gemeinsamen Fahrten und Besichtigungen zusammenzuführen. Hierdurch sollen bei Erwachsenen das Verständnis für die technischen Probleme und die volkswirtschaftliche Bedeutung des Schienenverkehrs vertieft, bei der Jugend das Interesse für diese Fragen und ihre Lösungen geweckt und darüber hinaus in diesem Sinne die Öffentlichkeit für die gemeinwirtschaftlichen Belange des öffentlichen Nahverkehrs angesprochen werden. In dieser Zielsetzung fördert der Verein wissenschaftliche, insbesondere verkehrsgeschichtliche Arbeiten auf dem Gebiet des öffentlichen Nahverkehrs und deren Veröffentlichung."

Die Straßenbahn auf dem Abstellgleis

Am 30. Juni 1991 war es dann soweit: Die Stadt Naumburg übernahm die Betriebsführung und führte den Linienbetrieb zunächst fort, obwohl erst zehn Monate später die offizielle Übergabe folgte. Doch schon am 18. August 1991 war die Bahn zum vorerst letzten Mal gefahren, weil die Instandsetzung mehrerer Streckenabschnitte keinen Aufschub mehr duldete. Zunächst sprach

Triebwagen Nummer 32 an der Haltestelle Othmarsfriedhof in der Weimarer Straße.

Auf einer seiner letzten Runden befährt Wagen Nummer 32 die bereits im Umbau befindliche Bahnhofstraße. Anfang August 1991 ahnte noch niemand, das dies eine der letzten Fahrten sein würde.

die Stadt lediglich von „einer kurzzeitigen Betriebsunterbrechung“ und tatsächlich begann schon einen Tag später der grundhafte Straßenausbau samt Gleissanierung in der Bahnhofstraße. Dafür waren Fördermittel vom Land Sachsen-Anhalt abgerufen worden, was einige Jahre später zu einem Rechtsstreit führen sollte.

Auch in der Jägerstraße und Bergstraße wurden die Gleise auf einigen kleineren Abschnitten teilweise erneuert, doch kam das Projekt schon einige Zeit später in Schwierigkeiten. Da sich der Bau verzögerte, konnten auch die Fördermittel nicht vollständig abgerufen werden und standen dann nicht mehr zur Verfügung.

Zugleich zeigte sich eine zweite, betriebliche Schwierigkeit: Zwar gab es genügend Fahrzeuge, doch lediglich ein Wagen davon verfügte über die für einen Pendelverkehr nötigen zwei Fahrerstände. Genau aus diesem Grunde war kein Pendelverkehr möglich, sodass Schienenersatzverkehr mit Bussen eingerichtet wurde.

Die erste Aktion des Vereins: Die Weihnachtsbahn

Das Jahr 1991 endete mit einer ersten großen Aktion des erst im Juni gegründeten Vereins, dem Einsatz einer „Weihnachtsbahn" zwischen Theaterplatz (heute: Curt-Becker-Platz) und Marientor. Nur wenige Monate später fielen wichtige Entscheidungen zur Bahn. Der Stadtrat sprach sich grundsätzlich für deren Erhalt aus und die Stadtverwaltung beauftragte das Planungsbüro Kölz aus Stuttgart mit dem Erarbeiten eines entsprechenden Verkehrskonzeptes. Inhaltlich sollte es die Verknüpfung zwischen Bus und Bahn und damit den Fortbestand der Straßenbahn sichern. Am 1. April 1992 übernahm die Stadt auch offiziell den mittlerweile eingestellten Betrieb, doch waren ihr die Personalkosten offenbar zu hoch, sodass 16 von insgesamt 19 Mitarbeitern ihre Kündigung erhielten. Nur ein Jahr später wurden die restlichen drei Mitarbeiter für den Fährbetrieb auf den damaligen Fährlinien an der Saale umgeschult.

Erste Fahrt des neugegründeten Vereins: Die Weihnachtsbahn pendelt zwischen Depot und Theaterplatz (Curt-Becker-Platz).

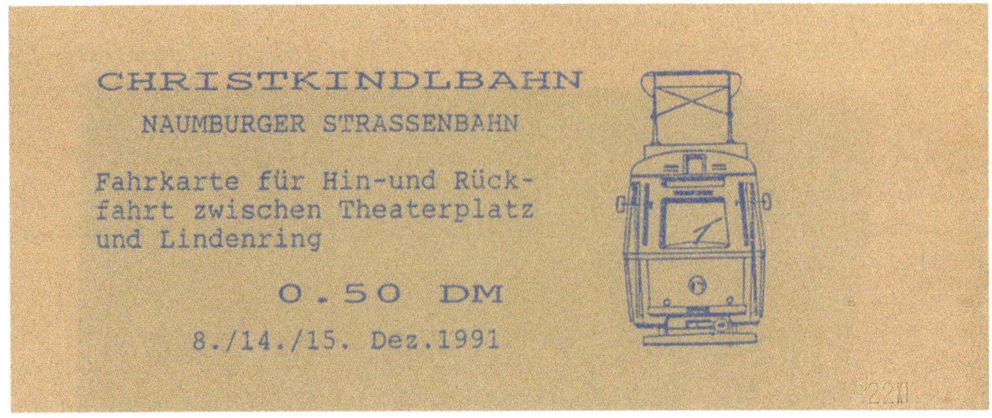
CHRISTKINDLBAHN
NAUMBURGER STRASSENBAHN
Fahrkarte für Hin-und Rück-
fahrt zwischen Theaterplatz
und Lindenring
0.50 DM
8./14./15. Dez.1991

Die Fahrkarte für die ersten Fahrten im Dezember 1991.

In diesen Tagen erlaubte Oberbürgermeister Curt Becker den Vereinsmitgliedern, wieder das Straßenbahndepot zu betreten und dort ihre vereinseigenen zwei Fahrzeuge abstellen zu dürfen. Allerdings war ihnen nur die Nutzung der Wagenhalle Gleis 3 erlaubt, welche baulich keinen Zugang in das restliche Depot ermöglichte.

Um den Kommunalpolitikern zu zeigen, dass es auch in Naumburg einen modernen und attraktiven Nahverkehr geben könne, organisierten der Verein und der bereits erwähnte Verkehrsplaner Robert Wittek aus Heidelberg am 27. April 1992 eine Präsentationsfahrt mit einem Stadtbahnwagen aus Karlsruhe auf der Eisenbahnstrecke zwischen Naumburg und Bad Kösen. Während dieser Tour erläuterten die Straßenbahnbefürworter ihren Gästen, dass Bus, Straßenbahn und Zug als sich gegenseitig ergänzende Angebote betrachtet werden müssten.

Und dann kam der September – und damit das 100. Jubiläum der Straßenbahn.

Programmübersicht

Samstag, 19. September 1992:

Inbetriebnahme der Sonderlinie zwischen Depot und Theaterplatz (Curt-Becker-Platz)
Ausstellung über die Geschichte des Straßenbahnbetriebs
Modellstraßenbahnausstellung mit Souvenirverkauf

Sonntag, 20. September 1992:

Straßenbahnbetrieb auf der Sonderlinie
Frühschoppen mit den „Schönburger Blasmusikanten"

Am Samstag, dem 19. September 1992, waren die Naumburger und ihre Gäste auf dem Vorplatz des Straßenbahndepots zu einem „Fest der Vereine" eingeladen. In bereitgestellten Straßenbahnen informierten mehrere Vereine über ihre Arbeit.

Rechtzeitig hatten die *Naumburger Verkehrsfreunde e. V.* an dieses historische Datum gedacht und organisierten aus diesem Anlass ein großes Straßenbahnfest. Dahinter steckte mehr als die Lust zum Feiern, denn es ging vor allem darum, dem Kampf um Erhalt und Wiederinbetriebnahme der Naumburger Straßenbahn auch mit anderen, fröhlichen Mitteln neue Impulse zu verleihen. Die Einheimischen verstanden die Absicht und viele ließen sich die Gelegenheit nicht entgehen und besuchten das Fest. Besondere Attraktion war der Fahrbetrieb auf dem bereits bekannten Abschnitt zwischen Depot und Theaterplatz (Curt-Becker-Platz).

Eine nächste Gelegenheit, die Bahn in Bewegung zu erleben, gab es bereits am 3. Oktober 1992 anlässlich des Naumburger Postfestes zum 60-jährigen Bestehen der Hauptpost neben dem Straßenbahndepot.

Jedoch nur zwei Tage später ließ die Stadt die Gleise in der Weimarer Straße unter einer Asphaltschicht verschwinden, was sie mit notwendigen Straßenarbeiten zum Erhalt der Bundesstraße begründete. Dieses Vorgehen führte in der Bevölkerung, die doch eben noch ihre Straßenbahn gefeiert hatte, zu ziemlichem Unmut. Davon mehr oder weniger unbeeindruckt entschied sich die Stadt – für den Einsatz von Bussen.

Aus dem Naumburger Ring soll eine Acht werden

Von nun an fuhren Busse auf den drei neuen Stadtbuslinien 1, 2 und 3 bis in die Randgebiete der Stadt. Für diesen Zweck beschaffte die *Personennahverkehrsgesellschaft Saale-Unstrut GmbH (PVG)* sechs neue Fahrzeuge.

Im April 1993 präsentierte das beauftragte Planungsbüro Kölz aus Stuttgart, das später auch eine Zweigstelle in Naumburg eröffnete, sein neues Verkehrskonzept. Dieses sah den Erhalt der Bahn sowie den Umbau der Strecke vom Ring in eine Acht vor. Der Verfasser der Studie bezeichnete darin den Erhalt der Straßenbahn als *ein verfolgenswertes Ziel, einerseits vor dem Hintergrund der stadtgeschichtlichen Bedeutung, andererseits unter dem Aspekt einer attraktiven Öffentlichen Personennahverkehrs (ÖPNV)-Bedienung und der Imagewirkung für den Stadttourismus.*

Die Stadt reagierte mit widersprüchlichen Maßnahmen, indem wie schon vorher in der Weimarer Straße weitere Schienen am Wenzels- und Jakobsring zuasphaltiert wurden.

Vier Mann gründen eine GmbH

„Straßenbahnen in kleinen Städten“, so lautete das Thema eines Kolloquiums, zu dem die *Naumburger Verkehrsfreunde e. V.* im September einluden. Daran nahmen Fachleute aus Behörden, Verkehrsbetrieben und Vereinen teil. Eines der spannendsten Zitate aus dieser Veranstaltung stammt von Günter Heppe von der *Erfurter Verkehrs AG (EVAG)*, der den Gastgebern folgende dringende Empfehlung mit auf den (Fahr)Weg gab:
„Lassen Sie die Straßenbahn fahren, und wenn es nur 300 Meter sind.“

Gute Nachrichten kamen etwas später vom *Verband Naumburger Unternehmer und Geschäftsleute*, dessen Mitglieder die Straßenbahn als ein gutes Werbemittel betrachteten. Diese sollte zwischen den beiden Endpunkten Hauptbahnhof und Schwarzes Ross im Gewande einer privaten Gesellschaft als Museumsbahn betrieben werden, so die damals öffentlich geäußerten Pläne. Doch die Wirklichkeit sah später etwas anders aus als die schönen Ideen, denn

Am ersten Betriebstag in privaten Händen zum Kirschfest 1994 wartet der in den Stadtfarben lackierte Wagen Nummer 33 aus Frankfurt/Oder am Theaterplatz (Curt-Becker-Platz) auf die Abfahrt zum 300 Meter entfernten Depot.

die meisten Unternehmer zogen sich von der angekündigten Beteiligung zurück. Auch das nötige Betreiberkonzept verzögerte sich und wurde erst im März 1994 vorgestellt.

Etwa zeitgleich gründeten am 14. März 1994 vier Privatpersonen die *Naumburger Straßenbahn GmbH* und übernahmen von der Stadt den Betrieb und die Anlagen. Der offizielle Pachtvertrag wurde am 17. November geschlossen, war auf 20 Jahre befristet und sah einen symbolischen Pachtzins von einer D-Mark pro Jahr vor.

Gemäß dem nun endlich vorliegenden Konzept sollte die einzigartige Ringstraßenbahn mit historischen Fahrzeugen als Anziehungspunkt für Touristen betrieben werden. Die Fahrten sollten auf Bestellung sowie an Wochenenden und zu den zahlreichen Stadtfesten nach Fahrplan verkehren. Im Depotgebäude war neben einem Museum auch eine Straßenbahngaststätte vorgesehen. Baldmöglichst sollte die Strecke vom Jägerplatz zum Theaterplatz (Curt-Becker-Platz) und später auch weiter bis zum Hauptbahnhof befahren werden, gefolgt von einer schrittweisen Wiederinbetriebnahme des gesamten Rings.

Erste Schritte auf diesem erfolgversprechenden Weg wurden schon kurze Zeit später gegangen. So bereicherte ein attraktiver Neuzugang den Naumburger Fahrzeugpark, als Ende April aus Frankfurt an der Oder ein sehr gut erhaltener, gebrauchter Zweirichtungstriebwagen in den Stadtfarben Rot/Weiß eintraf. Weitere Fahrzeuge kamen mit der *Sammlung Friedrich* nach Naumburg, so auch der Sommerbeiwagen Nummer 133, der hier fach- und sachgerecht restauriert wurde und als Pferdebahnwagen fungierte.

Am gleichen Tag pendelte der Pferdebahnwagen 133 aus der Sammlung Friedrich zwischen Depot und Jägerplatz.

Zwischen 1994 und 1999 herrschte an Stadtfesten mit Publikumsverkehr sporadischer, aber dennoch planmäßiger Fahrbetrieb auf 600 Metern zwischen Jägerplatz und Theaterplatz (Curt-Becker-Platz). Hier ist Triebwagen 34 aus der Frankfurter Serie in der Nähe des Depots unterwegs.

Am Theaterplatz (Curt-Becker-Platz) wurden an den Fahrtagen zu Werbezwecken Wagen abgestellt, so etwa dieser des Typs Gotha ebenfalls aus Frankfurt/Oder.

Zwischen den angebotenen Fahrtagen wurden Sonderfahrten für Gruppen durchgeführt, aber nicht immer mit der elektrischen Bahn. Hier fährt Wagen 145 der Sammlung Friedrich in den Theaterplatz (Curt-Becker-Platz) ein, um die bereits wartende Gruppe abzuholen.

Das neue Vereinslogo der *Nahverkehrsfreunde Naumburg & Jena e. V.*

Mit diesen beiden Wagen eröffnete die *Naumburger Straßenbahn GmbH* ihren ersten Betriebstag zum Kirschfest 1994. Gefahren wurde auf 800 Metern Strecke zwischen Jägerplatz und Theaterplatz (Curt-Becker-Platz).

Allerdings fuhr die Bahn manchmal auch auf einem ganz anderen Streckenabschnitt, was aber nur für Prominente und das Fernsehen galt. Beides zusammen traf auf den Sänger und Entertainer Gunter Emmerlich zu, der für Fernsehaufnahmen für die Sendung „Zauberhafte Heimat" des *Mitteldeutschen Rundfunks (MDR)* auf dem Wenzelsring mit der Pferdestraßenbahn unterwegs war.

1995 konnte der Fuhrpark mit weiteren Zweirichtungswagen der Bauart Gotha aus Frankfurt/Oder erweitert werden, insgesamt drei Trieb- und ein Beiwagen. Auch Fahrzeuge der Sammlung Friedrich wurden für eine Nutzung hergerichtet, darunter ein Beiwagen als Imbiss vor dem Depot.

Auf dem Abschnitt Depot–Jägerplatz waren auf 66 Metern die Gleise verschlissen und mussten gewechselt werden. Im März 1995 hatte die MDR-Sendung „Mach dich ran" das komplette Auswechseln der Gleise als Tagesaufgabe gestellt, die allerdings nicht erfüllt werden konnte, da sich das Verlegen, Ausrichten und Verschweißen der Gleise als eine zu umfangreiche Arbeit herausstellte. Die nötigen Pflasterarbeiten im Anschluss sicherte die Stadt zu, erledigte sie aber erst auf Nachfrage des MDR, sodass es bis Mitte April dauerte, ehe das Pflaster verlegt war.

Der Verein *Naumburger Verkehrsfreunde e. V.* nannte sich ab Dezember 1995 *„Nahverkehrsfreunde Naumburg-Jena e. V."* Hintergrund dieses Namenswechsels war die Absicht, sich mit der *Jenaer Nahverkehrsgesellschaft mbH* auszutauschen. Es entstand eine gute Partnerschaft, wovon Naumburg später profitieren konnte.

Erneut brachten sich die Straßenbahner im Advent 1995 ins Stadtgespräch, als sie einen Gleisrest auf dem Marktplatz zur Aufstellung eines Triebwagens des Typs Gotha aus der Frankfurter Lieferung nutzten. Dieser diente jetzt zugleich als eine Art „Speisewagen" und wurde sehr bewundert, schließlich war zuletzt 1976 eine Bahn auf dem Markt gefahren.

Nach 19 Jahren stand wieder eine Straßenbahn auf dem Marktplatz. Diese besondere Aktion „schenkte" die Naumburger Straßenbahn GmbH den Einheimischen in der Adventszeit 1995.

Nach dem Weihnachtsfest stand der Triebwagen Nummer 34 noch ein paar Tage im nun auch winterlichen Naumburg.

Naumburg im Zwielicht: Die Stadt treibt ein doppeltes Spiel

In den ausgehenden 1990er-Jahren verstärkten sich die Zwistigkeiten zwischen der Stadt Naumburg und ihrem Vertragspartner, der *Naumburger Straßenbahn GmbH*. Zwar bekannte man sich im Rathaus in der Öffentlichkeit scheinbar zum Erhalt der Bahn, erweckte beim tatsächlichen Handeln jedoch den Eindruck, als arbeite man dagegen und treibe ein doppeltes Spiel. Hier und da verschwanden Gleise sowie Zubehör und entstandene Schäden wurden nicht ausgeglichen. Gleichzeitig musste die Betreibergesellschaft ohne jegliche Zuschüsse in Fahrzeuge und Streckenabschnitte investieren und kam in finanzielle Schwierigkeiten. Ein Gespräch mit Oberbürgermeister Curt Becker endete im Eklat, indem sich beide Seiten Vertragsbruch vorwarfen.

Das Fahrziel Vogelwiese anzusteuern, verzögerte sich wegen nicht vertragsgemäß umgesetzter Baupläne, denn bei der Verlegung der Bundesstraße B 87/180 zwischen Theaterplatz (Curt-Becker-Platz) und Vogelwiese war der seitliche Abstand zur bestehenden Gleisanlage nicht eingehalten worden. Die Stadt beabsichtigte auf der asphaltierten Gleistrasse, Parkplätze für Reisebusse entstehen zu lassen, doch der Verein und die Betreibergesellschaft starteten daraufhin eine Aktion und befreiten die Gleise wieder. An mehreren Wochenenden wurden auf einer Länge von fast 300 Metern rund 44 Tonnen Asphalt abgetragen. Diese „Asphalt-Aktion" im Oktober 1998 beeindruckte den Oberbürgermeister und es kam bereits im Dezember zu einem zukunftsweisenden Treffen.

Im Oktober 1998 befreiten die unermüdlichen Straßenbahner die Gleise von Asphalt. Diese handfeste Aktion überzeugte die letzten Kritiker, dass die Akteure ihre Bahn erhalten wollten.

An mehreren Arbeitseinsätzen am Wochenende und innerhalb der Woche wurden auf rund 280 Metern insgesamt 44 Tonnen Asphalt abgetragen. Zu sehen ist der Bauzug, bestehend aus mehreren Wagen mit entsprechendem Zubehör.

5

Vom Saisonbetrieb zum täglichen Linienverkehr

Ein neuer Vertrag wird geschlossen

Im Mai 1999 einigten sich die Stadt Naumburg und die *Naumburger Straßenbahn GmbH* auf einen neuen Vertrag und das Kriegsbeil wurde begraben. Wichtig für die Straßenbahn war insbesondere, dass sich die Stadt erstmals ohne Wenn und Aber verpflichtete, die knapp drei Kilometer lange Strecke vom Hauptbahnhof bis zum Salztor betriebsfähig wiederherzustellen. Doch kein Vertrag ohne Kompromisse, denn im Gegenzug verzichtete die Betreibergesellschaft auf ihr Vorhaben, die restlichen Streckenabschnitte über den Moritzberg zu führen und verabschiedete sich damit auch von ihrer Vision der Wiederherstellung der ursprünglichen Ringbahn. Aus heutiger Sicht bleibt die Frage, ob der Stadt damit zu weit entgegengekommen wurde, aber aus damaliger Sicht war vermutlich nicht mehr möglich. Einige Vereinsmitglieder waren trotzdem enttäuscht, entfernten sich von der Vereinsarbeit und verließen sogar den Verein.

Bereits im April hatte die Betreibergesellschaft eine Dauergenehmigung für den Linienverkehr nach Fahrplan und einige Monate später die Genehmigung für Sonderfahrten erhalten. Dies erleichterte die Arbeit, musste doch bisher jede Fahrt einzeln bei der Behörde angemeldet werden.

Sowohl die Zahl der Fahrtage als auch der Sonderfahrten auf Bestellung erhöhte sich in den Folgejahren, sodass die Bahn nun viel öfter unterwegs war.

Kanonenschüsse zur Streckeneröffnung

Der 27. August 1999 war ein wichtiger Tag in der Geschichte der Naumburger Straßenbahn. Mit einem jener berühmten symbolischen Spatenstiche, die in solchen Fällen üblich sind, eröffneten Landesverkehrsminister Jürgen Heyer (SPD) und Oberbürgermeister Curt Becker (CDU) die Arbeiten zur Umgestaltung des Bahnhofsvorplatzes, im Zuge derer die Straßenbahn einen neuen Platz für ihre zukünftige Endhaltestelle Hauptbahnhof zugewiesen bekam. Der Vorplatz wurde verkehrsberuhigt und die Haltestelle, die allerdings noch jahrelang ohne Straßenbahnverkehr war, an dessen Rand in die Bahnhofstraße verlegt, was den Umsteigeweg für die Fahrgäste verlängerte. Erst im September 2018 kehrte die Haltestelle Hauptbahnhof wieder an ihren alten Platz zurück und zwar nun wieder direkt vor dem Empfangsgebäude – fast dort, wo früher die Droschken gewartet hatten.

Mit Kanone voraus wurde am 26. April 2002 die neugestaltete Strecke vom Theaterplatz (Curt-Becker-Platz) zur Haltestelle Vogelwiese feierlich eröffnet.

Rechtzeitig zum Saisonstart wird die neue Haltestelle Vogelwiese eingeweiht.

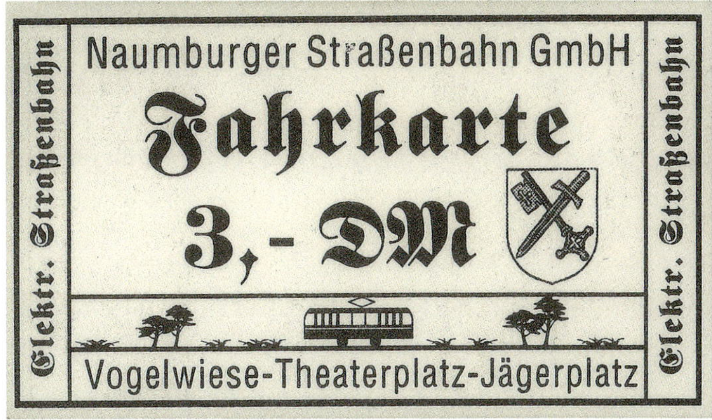

Die nun gültigen Fahrkarten für die verlängerte Strecke.

Weitere wichtige Bauarbeiten nahmen im September 2001 mit dem Umbau des bereits 1998 freigelegten Abschnittes zwischen Theaterplatz (Curt-Becker-Platz) und der neuen Endhaltestelle Vogelwiese ihren Anfang. Statt der Einpflasterung wurde – wie neuerdings modern und üblich – Rasen zum Einbetten der Gleisanlage genutzt. Einen schönen Anblick bieten die nach historischen Vorlagen von der Naumburger Firma *MuR Stahlbau GmbH* angefertigten Stahlgittermasten mit Bogenausleger zur Montage der Fahrleitung, von denen es entlang der Strecke insgesamt 13 Stück gibt.

Fahrbetrieb auf der neuen Strecke mit den aus Jena übernommenen Reko-Wagen. Der Jenaer Lack sieht der Naumburger Farbgebung der Aufbauwagen in den 1960er-Jahren ähnlich.

Zwar nicht mit einem Paukenschlag, dafür aber mit einem Kanonenschuss (abgefeuert von Mitgliedern des *Privilegierten Bürgerschützencorps Naumburg)* wurde die neue Strecke am 26. April 2002 offiziell und pünktlich zur neuen Fahrsaison eingeweiht. Diesen hörten die Einheimischen und viele geladene Gäste.

Bereits am 1. März 2001 hatte die grundhafte Sanierung der Jägerstraße und der anschließenden Bergstraße auf dem Streckenabschnitt zum Bahnhof begonnen, die auch die hier gelegenen Gleisanlagen einbezog. Im Zuge dieser Arbeiten wurde die Gleistrasse von der bislang üblichen Straßenmitte in die Seitenlage verlegt. Nach Ansicht von Experten sollten sich auf diese Weise Bahn und Individualverkehr nicht gegenseitig behindern. Zugunsten der Arbeiten an dieser Strecke ruhte allerdings der weitere Ausbau des Abschnittes von der Vogelwiese zum Salztor. Noch immer konnte die Trasse zum Hauptbahnhof nicht befahren werden, denn die nötige Anbindung am Jägerplatz erfolgte erst 2003. Dabei wurde auch die Haltestelle Jägerplatz erneuert.

Neuausrichtung für den künftigen Saisonbetrieb

Während an der Strecke im Auftrag der Stadt gearbeitet wurde, beschafften der Verein *Nahverkehrsfreunde Naumburg-Jena e. V.* und die *Naumburger Straßenbahn GmbH* Fahrzeuge für die Zukunft. Um dem Anspruch einer Touristenbahn in der Altstadt von Naumburg gerecht zu werden, entschieden sich beide Partner, auf bewährte Wagen aus der DDR zurückzugreifen. Grundsätzlich sind dies zweiachsige Trieb- und Beiwagen der Bauarten Lowa, Gotha und Reko aus den 1950er- bis 1970er-Jahren. Diese Entscheidung hatte zugleich eine weitere Konsequenz, denn um diese Fahrzeuge in dem kleinen Betriebshof unterstellen zu können, mussten nicht mehr brauchbare Wagen abgegeben werden. Diese Abgabe betraf vor allem die zwischen 1994 und 1996 eingetroffenen acht Fahrzeuge der *Sammlung Friedrich*, ferner die ebenfalls in diesem Zeitraum für den Fahrbetrieb beschafften vier Wagen des Typs Gotha aus Frankfurt/Oder, was am zwischenzeitlich eingetretenen Verschleiß sowie nötigen umfangreichen Instandsetzungen lag. Diese Arbeiten sowie die anstehenden Hauptuntersuchungen (HU) konnte man aufgrund der bescheiden ausgestatteten Werkstatt nicht in Naumburg leisten.

Die Sammlung Friedrich

Joachim Friedrich, Kaufmann und Straßenbahnfreund, stammte aus Leipzig und wohnte während der Teilung Deutschlands in der Bundesrepublik Deutschland (BRD). 1994 Gesellschafter der Naumburger Straßenbahn GmbH geworden, brachte er sein gesamtes Wissen und Erspartes in den kleinen Betrieb ein. Er war im Besitz einer umfangreichen Sammlung von Triebwagen, Beiwagen und Loren, die zwischen 1994 und 1998 in Naumburg abgestellt wurden. Von den acht Wagen befindet sich heute nur noch der Pferdebahnwagen Nummer 133 dort, die anderen Fahrzeuge wurden sinnvoll abgegeben.

Dank der guten Kontakte des Vereins *Nahverkehrsfreunde Naumburg-Jena e. V.* zur *Jenaer Nahverkehrsgesellschaft mbH* konnten in den Jahren 2000 und 2001 drei Wagen des Typs Reko übernommen werden. Die gebrauchten Jenaer Wagen befanden sich in einem sehr guten Zustand und ersetzten jene aus Frankfurt.

Wagenbeschreibung: Reko-Wagen

Ein RGW-Beschluss sorgte trotz der Produktion des T2D für Fahrzeugengpässe in den Straßenbahnbetrieben, sodass man im *Reichsbahnausbesserungswerk (RAW)* Berlin-Schöneweide ab 1970 für einige Jahre den Reko-Wagen baute. Als Grundlage der Rekonstruktion dienten alte, verschlissene Straßenbahnen, welche komplett zerlegt wurden. Unter Verwendung beispielsweise alter Achsen und Motoren wurde mit neuen Teilen eine neue Straßenbahn zusammengebaut. Buchmäßig handelte es sich um eine Rekonstruktion, in Wahrheit aber war es fast ein Neubau, da später auch neue Achsen und Motoren verwendet wurden. Beliebt waren die Wagen allerdings nicht, da schmale Türen, Stufen im Innenraum und schlechte Fahreigenschaften durch Wegfall des Fahrgestelles für geringeren Fahrkomfort sorgten. In Naumburg kam dieser Wagentyp zum einen eher aus der Not heraus zum Einsatz, zum anderen vervollständigt dieser Typ die Sammlung an Fahrzeugen aus der Serienproduktion in Meterspur.

Baujahre	1971, 1972, 1973
Hersteller	*RAW Berlin-Schöneweide*
elektrische Ausrüstung	*Lokomotivbau Elektrotechnische Werke (LEW) Hennigsdorf*
Länge	10.720 mm
Sitzplätze	22
Stehplätze	64
Leistung	2 x 60 kW

Heute sind noch folgende Wagen vorhanden:

Triebwagen 50	Baujahr 1971	betriebsfähig	beige/grüner Streifen
Triebwagen 51	Baujahr 1973	betriebsfähig	hell elfenbein/rubinrot
Beiwagen 19	Baujahr 1972	betriebsfähig	hell elfenbein/rubinrot

Wagen Nummer 50 ist der erste des Typs Reko in Naumburg und kam im Jahr 2000 aus Jena. Die Farbgebung entspricht der aus den 1960er-Jahren.

Im Testeinsatz war von Juni 2002 bis Juli 2003 der Erfurter Wagen Nummer 405, den der freundliche Gruß „Erfurt grüßt Naumburg" zierte.

Trotz der Entscheidung, mit alten Straßenbahnen zu fahren, war ab Juni 2002 für 13 Monate ein moderneres Fahrzeug als Leihgabe in Naumburg unterwegs, nämlich ein Wagen des Typs Tatra KT4D mit Baujahr 1976 aus Erfurt. Dieser wich von den Standardmodellen insoweit ab, als die *Erfurter Verkehrs AG (EVAG)* in eigener Werkstatt beispielsweise im Heck einen zweiten Fahrerstand nachgerüstet hatte. Damit konnte bei Streckenunterbrechungen durch Baustellen Pendelverkehr angeboten werden. Aufgrund seiner besonderen Steuerungstechnik und seiner Größe erwies sich der KT4D jedoch als ungeeignet für Naumburg.

Zur selben Zeit übernahm die *Naumburger Straßenbahn GmbH* weitere vier Fahrzeuge aus Jena, diesmal vom Typ *Gotha*. Gemeinsam mit den bereits vorhandenen drei Reko-Wagen bilden diese die Basis für den aktuellen und zukünftigen Fuhrpark der Naumburger Straßenbahn.

Dieser Wagen vom Typ Tatra KT4D hatte im Heck einen zweiten Fahrerstand, wie hier am Theaterplatz (Curt-Becker-Platz) gut zu erkennen ist.

Die Naumburger Straßenbahn feiert ihr 111. Jubiläum

Zum Straßenbahnjubiläum im September 2003 feierten die Einheimischen die nun positive Entwicklung ihrer „Ille". Die neu angeschafften Wagen aus Jena trugen im Einsatz jetzt die unterschiedlichen Naumburger Farben: beige/orange und beige mit rotem Streifen unter dem Fenster.

Weiterer Höhepunkt war die Sonderpostbeförderung mit einer Handhebeldraisine des *Deutschen Eisenbahnvereins (DEV) Bruchhausen-Vilsen* in Niedersachsen. Reges Interesse und Absatz fand die pünktlich zum Jubiläum fertiggestellte Publikation zur Naumburger Straßenbahngeschichte „Von der Wilden Zicke zur Ille".

Nach fast zwölf Jahren Unterbrechung setzte sich eine elektrische Straßenbahn in Richtung Hauptbahnhof in Bewegung. Am 12. April 2004 erkundete ein Triebwagen die sogar ihm „unbekannte" Strecke Jägerstraße–Bergstraße–obere Bahnhofstraße bis Anfang der zweiten Hälfte der Bahnhofstraße, wo die hochoffizielle Bauendabnahme stattfand. Zu den technischen Neuerungen der Strecke gehören eine solarbetriebene stationäre Kurvenschmieranlage am Jägerplatz sowie eine Lichtsignalanlage, welche die Überfahrt von der Bergstraße in die Bahnhofstraße regelt. Diese wird beim Durchfahren eines Kontaktes an der Fahrleitung ausgelöst und gibt sich dadurch selber das Signal „Freie Fahrt".

Der stufenweise Aufbau des Saisonbetriebes

Unter dem neuen Namen *Naumburger TouristenBahn (NTB)* wurde die Straßenbahn offensiver touristisch beworben und der Erfolg war schon bald darauf zu sehen, denn die Fahrgastzahlen stiegen deutlich. Die Zahl der Fahrtage nach Fahrplan in der Sommersaison 2004 erhöhte sich auf 31, neu waren sogenannte Themenfahrten wie mit Musik in der Straßenbahn oder der Einsatz mit dem Beiwagen. Zum Osterspaziergang am Saisonbeginn beförderte die kleine Bahn eine Reisegruppe mit 320 Teilnehmern. Erstmalig wurde eine solch hohe Zahl durch Einsatz von fünf Wagen auf einmal bewältigt. Zum Saisonausklang konnten unter Beteiligung von Kommunalpolitikern die letzten neu gebauten 90 Meter zum Hauptbahnhof feierlich in Betrieb genommen werden. An der neuen Endhaltestelle Hauptbahnhof besteht nun eine Ausweichstelle, um beispielsweise das Umfahren eines Beiwagens zu ermöglichen.

Dank der Streckenerweiterungen und der höheren Zahl der öffentlichen Fahrtage ab 2003 nutzten immer mehr und zufriedenere Fahrgäste die Straßenbahn. Waren es anfangs jährlich rund 8.000, so erhöhte sich deren Zahl im Jahr 2005 auf 9.600 Personen. Hinzu kamen weitere 3.600 bei bestellten Sonderfahrten für Gruppen.

Seit der Übernahme des Betriebes im Jahr 1994 wurden alle Fahrten von der *Naumburger Straßenbahn GmbH* und dem Verein *Nahverkehrsfreunde Naumburg-Jena e. V.* ehrenamtlich durchgeführt. Zu weiteren Arbeiten zählten die betriebsbereite Instandhaltung des Wagenparks, Reinigungsarbeiten der gesamten Strecke sowie Sicherungsmaßnahmen am Depotgebäude. Zu Stadtfesten unterstützten unentgeltlich Straßenbahnfahrer aus Erfurt, Halle, Jena, Magdeburg und sogar München den Fahrbetrieb.

Entlang der Jägerstraße in Richtung Hauptbahnhof ist der Triebwagen 38 vom Typ Gotha in der Fahrsaison 2004 unterwegs. Dieser Wagen wurde erst ein Jahr zuvor aus Jena übernommen und fährt nun in der Naumburger Farbgebung der 1980er-Jahre.

Noch hält Wagen 36 rund 100 Meter vor dem Hauptbahnhof, denn die letzten Meter mit Ausweiche wurden erst im Dezember 2005 fertiggestellt.

Zwischen 1999 und 2005 schuf die Stadt Naumburg die Voraussetzung für einen Tourismusbetrieb. Dank Fördermitteln aus der Landesinitiative „Urban 21" konnten bis jetzt rund zwei Drittel der Strecke vom Hauptbahnhof zur Vogelwiese instandgesetzt werden.

Die Saison 2006 brachte eine wichtige Neuerung für Einheimische, Touristen und Urlauber, als die Straßenbahn zwischen April und Oktober jetzt an jedem Wochenende fuhr. Zwischen 9.30 Uhr und 18.00 Uhr wurde auf der gesamten Strecke ein 30-Minuten-Takt angeboten, nur unterbrochen von einer kleinen Pause zur Mittagszeit. Um den Personalbedarf zu decken, stellte die *Naumburger Straßenbahn GmbH* im Februar ihren ersten Mitarbeiter ein, der neben dem Fahrdienst innerhalb der Woche die nötigen Wartungen an den Fahrzeugen übernahm. Vor allem zu Stadtfesten waren die ehrenamtlichen Fahrer und Schaffner im Einsatz. Erstmalig auch in der Nacht war die Naumburger Straßenbahn im September zum Winzerfest im nahegelegenen Freyburg/Unstrut unterwegs. Im Anschluss der Züge des Betreibers *Burgenlandbahn* stand die Straßenbahn zum Umsteigen bereit und brachte die Besucher wieder in die Stadt. Dieses erweiterte Angebot spiegelte sich deutlich in den Zahlen wider, nutzten doch im gesamten Jahr rund 16.000 Fahrgäste die Bahn.

Ein lang erklärtes Ziel – die Bahn fährt nun wieder täglich

Um in der Saison 2007 die Straßenbahn wie geplant täglich fahren lassen zu können, waren viele Vorbereitungen nötig. Die Finanzierung der bis dahin noch ungedeckten Betriebskosten wurde privat sichergestellt. Personal im Fahrdienst wurde ausgebildet und Werkstattmitarbeiter wurden angestellt. An der Haltestelle Theaterplatz (Curt-Becker-Platz) reparierten Vereinsmitglieder die Bahnsteigkante und die Stadt Naumburg baute die Haltestelle Poststraße/Postring komplett neu.

Am 30. März 2007 fand die Eröffnungsfeier im Rahmen des Jubiläums „100 Jahre elektrische Straßenbahn – Ille" mit geladenen Gästen und der Öffentlichkeit statt. Höhepunkt des Festes waren der Einsatz eines historischen Straßenbahnwagens der *Halleschen Straßenbahnfreunde e. V.* und der Pferdestraßenbahn. Mitgestalter des umfangreichen Festprogramms waren u. a. die Naumburger Feuerwehr, das Deutsche Rote Kreuz und das Technische Hilfswerk sowie weitere Naumburger Vereine.

Neue Fahrkarten für den täglichen Linienbetrieb.

Die Vorderseite der Einladung zur Wiedereröffnung des täglichen Linienbetriebes.

Als prominente Gäste der Festveranstaltung kamen u. a. Dr. Karl-Heinz Daehre (CDU), der damalige Minister für Landesentwicklung und Verkehr des Landes Sachsen-Anhalt, der Landrat des Burgenlandkreises, Harri Reiche (parteilos), und der Oberbürgermeister der Stadt Naumburg, Bernward Küper (CDU), sowie viele weitere Gäste aus Politik, Verkehrsbetrieben und nicht zuletzt Unterstützer der Naumburger Straßenbahn.

Zur freudigen Überraschung der Teilnehmer der Festveranstaltung erklärte Verkehrsminister Dr. Daehre, dass sich das Land Sachsen-Anhalt mit einem Modellprojekt an der Finanzierung beteiligen werde und freute sich über die fünfte Stadt mit einer Straßenbahn in seinem Bundesland. Symbolisch stellten Minister und Oberbürgermeister die Weichen auf Zukunft.

Nachdem der Geschäftsführer der *Naumburger Straßenbahn GmbH*, Andreas Plehn, und der Geschäftsführer der *PVG Burgenlandkreis GmbH*, Lutz Däumler, an der umgebauten Haltestelle Poststraße das in den traditionellen Stadtfarben rot und weiß gestreifte Band feierlich durchschnitten hatten, setzte sich pünktlich um 11.19 Uhr die erste Linienbahn in Richtung Hauptbahnhof in Bewegung. Seither war die Straßenbahn als Linie 4 (die Stadtbuslinien tragen die Nummern 1 bis 3) auf der rund 2,5 Kilometer langen Strecke zwischen Hauptbahnhof und Vogelwiese im 30-Minuten-Takt unterwegs, wobei anfangs folgende Betriebszeiten galten: Montag bis Freitag von 5.45 Uhr bis 20.00 Uhr, Samstag und Sonntag von 9.15 Uhr bis 18.00 Uhr mit einer Betriebspause von 13.30 Uhr bis 14.00 Uhr.

Zusätzliche Fahrten mit Betrieb bis Mitternacht gibt es bei Stadtfesten. Zusammen mit der *PVG Burgenlandkreis GmbH* erscheint zum Hussiten-Kirschfest Ende Juni ein gemeinsamer Sonderfahrplan. Außerdem fügt sich die Straßenbahn mit einer Reihe weiterer Angebote in das vielfältige kulturelle Leben der Saalestadt ein. Dazu gehören Sonderfahrten mit Erläuterungen zu ihrer Geschichte und Technik, Weinverkostungen in der Bahn oder auch die beliebten Lesefahrten *LiteraTOUR*.

Zum Festwochenende „100 Jahre Ille" gibt es vor dem Straßenbahndepot ein buntes Programm.

Viele Einheimische und Gäste sind am Eröffnungstag des täglichen Linienbetriebes am 30. März 2007 erschienen.

Unter wachsamen Augen, unter anderem von Landrat Harri Reiche, stellen Landesverkehrsminister Karl-Heinz Daehre und Oberbürgermeister Bernward Küper symbolisch die Weiche auf „Fahrt Frei".

Festlich geschmückt fährt der Zug, nun im Linienbetrieb, an der umgebauten Haltestelle Poststraße zum Hauptbahnhof ab.

Ein Höhepunkt des Festwochenendes war der Einsatz des historischen Lindner-Triebwagens 401, Baujahr 1928 aus Halle/Saale.

Weiterer Höhepunkt war der Fahrzeugkorso vom Hauptbahnhof zur Vogelwiese. Dazu gehörten auch Wagen, welche nicht im Fahrbetrieb sind, wie der Wagen Nummer 23 von Typ Lowa.

Mit unterwegs war der Gotha-Gelenkwagen 202, der 1999 als Museumsstück nach Naumburg transportiert worden war. Aufgrund seiner Bauform ist dieser erst einsetzbar, wenn der Ring wieder in Betrieb ist.

Zwei Triebwagen des Typs Lowa zeigen sich am Theaterplatz (Curt-Becker-Platz). Wagen 23 ist zurzeit abgestellt, der ursprünglich als Teilespender übernommene Wagen 29 hingegen nach erfolgtem Umbau seit 2010 wieder im Linieneinsatz.

Eher selten ist die Pferdestraßenbahn auf der Strecke zu sehen, kommt aber zu Jubiläen hin und wieder zum Einsatz.

Um die Wagen langfristig einsetzen zu können, ist deren grundhafte Instandsetzung notwendig. Aufgrund der umfangreichen Arbeiten und der weiterhin spärlich ausgestatteten Werkstatt muss dies in anderen Fachwerkstätten erfolgen. Als erstes Fahrzeug wurde der mittlerweile abgestellte Triebwagen Nummer 37 des Typs Gotha in die Hauptwerkstatt der *Magdeburger Verkehrsbetriebe GmbH* gebracht. Dank privater Spender und Zuwendungen der *Stiftung der Volks- und Raiffeisenbanken* konnte der Wagen in Magdeburg mustergültig restauriert werden und zeigt sich nun wieder nahezu im Originalzustand.

Wagenmangel – Jenaer Straßenbahn hilft aus

Im Herbst 2007 kam es zu einem Rollmaterialengpass, da mehrere Wagen wegen abgelaufener Untersuchungsfristen oder Unfallschäden abgestellt werden mussten und nur noch einer einsatzbereit war. Um den Fahrbetrieb dennoch aufrechterhalten zu können, borgte man sich aus Jena den Gotha-Wagen Nummer 101, der sofort im Linienverkehr eingesetzt werden konnte. Mit Rückkehr des Wagens Nummer 37 aus der Aufarbeitung im Sommer 2008 konnte der Jenaer Wagen seinen Eigentümern mit Dank wieder zurückgegeben werden. Mittlerweile wurde ein weiterer Wagen nach Magdeburg geschafft, um Unfallschäden zu beseitigen und ihn grundhaft instandzusetzen.

Wegen Wagenmangel im eigenen Fuhrpark unterstützte Triebwagen 101 aus Jena den Fahrbetrieb für einige Monate.

Von Dezember 2007 bis Juni 2008 sicherten nur der eigene Reko-Triebwagen 50 und der geliehene Wagen 101 den täglichen Linienbetrieb ab.

Die Stadt baut

Ab 2008 gestaltete die Stadt Naumburg den gesamten Theaterplatz (Curt-Becker-Platz) um. Zuerst wurden die Gleisanlagen der Ausweiche erneuert, später folgte der Bau neuer Bahnsteige. Die Fußwege erhielten mit dem Altstadtpflaster ein neues Gesicht und es wurden zwei neue Grünanlagen geschaffen. Mit einem freundlichen Gesicht zeigt sich der Platz seither als Eingangstor zur historischen Kern der Domstadt.

Im Gegensatz dazu wurde im Auftrag der Stadt der Anbau für das Gleis 3 am Straßenbahndepot abgetragen. Dieser Rückbau war notwendig geworden, nachdem einer von mehreren durchfeuchteten Holzbalken des Daches eingestürzt war. Ein Wiederaufbau war der Stadt vor allem aus Kostengründen nicht möglich, weswegen das Gleis dauerhaft im Freien blieb.

Zwei Wagen werden fitgemacht

2009 verbesserte sich der Fahrplan für die Fahrgäste deutlich. Die aus betrieblichen Gründen eingerichtete Pause an den Wochenenden entfiel und die Bahn fuhr nun ohne Unterbrechung von 9.15 Uhr bis 18 Uhr – heute allerdings zwischen 8.37 Uhr und 20.48 Uhr.

Um den historischen Fuhrpark mit einsatzfähigen Wagen zu vergrößern, wurde der Triebwagen 29 des Typs Lowa Baujahr 1955 zur Restaurierung in die Werkstätten der *Geraer Verkehrsbetrieb GmbH* transportiert. Ursprünglich war dieses Fahrzeug 2004 als Ersatzteilespender eines baugleichen Wagens aus Merseburg übernommen worden; Grund für diese Auswahl war der bessere Zustand seines Wagenkastens. Die Herausforderung bestand nun darin, den bisherigen Arbeitswagen in einen Linienwagen umzubauen – selbstverständlich unter Beachtung aktueller Richtlinien der Betriebsordnung Straßenbahn (BOStrab).

Nachdem der Verein *Nahverkehrsfreunde Naumburg-Jena e. V.* jahrelang Spendengelder gesammelt hatte, ging im November mit dem historischen Lindner-Triebwagen 17 ein weiteres Fahrzeug auf die Reise nach Gera, wo jetzt die dringend notwendige Instandsetzung seines Wagenkastens beginnen konnte. Das Fahrzeug war 1928 in Halle/Ammendorf gebaut worden und 50 Jahre lang bei der Halleschen Straßenbahn im Einsatz. Wie schon erwähnt, war er seit 1978 noch in Naumburg unterwegs und entging mehrmals der Verschrottung, bis er 1994 in Vereinseigentum kam. Im stolzen Alter von 81 Jahren erlebte er nun seine größte Reparatur und komplette Instandsetzung.

Das Salztor soll wieder bedient werden

Nach ursprünglichen Plänen sollte die Endhaltestelle das „Salztor“ und nicht die „Vogelwiese“ sein. Zugunsten des Baus der Strecke zum Hauptbahnhof wurde dieser Abschnitt jedoch in den Jahren 2000/2001 zurückgestellt. Er ist insgesamt 440 Meter lang und war auf noch rund 250 Metern mit Gleis aus der Ringbahnzeit versehen, das aber nicht mit der bestehenden Strecke verbunden war. Auf der kompletten Länge fehlte außerdem die Fahrleitungsanlage. Fehlende Eigenmittel verhinderten zunächst die Wiederinbetriebnahme des Streckenabschnittes.

Doch 2009 bestand die Hoffnung, dass im Zuge der Straßensanierung neben der Strecke zumindest an der Querung der Wenzelsstraße wieder das Gleis eingebaut werden kann. Von dieser Aussicht bestärkt, legten Vereinsmitglieder der *Nahverkehrsfreunde Naumburg-Jena e. V.* die noch vorhandenen, aber inzwischen zugewachsenen Gleisreste frei. An der künftigen Endhaltestelle Salztor wurde ein Haltestellenschild mit Informationen zu diesem Vorhaben aufgestellt. Der *Mitteldeutsche Rundfunk (MDR)* begleitete den ersten Arbeitseinsatz und berichtete darüber in der Themenwoche für Ehrenamtler in Sachsen-Anhalt. Bei weiteren Arbeitseinsätzen wurden die Nahverkehrsfreunde von anderen Vereinen wie dem *Feuerwehrverein Naumburg e. V.*, den *Oldtimerfreunden Naumburg e. V., der IG Unstrutbahn* und dem *Technischen Hilfswerk THW* sowie von ortsansässigen Firmen wie der *R+S Containerdienst GmbH* und der *Krehan Bauservice GbR* tatkräftig unterstützt.

Nach elf Jahren legten die Straßenbahner erneut eine Strecke wieder frei, diesmal am Salztor. Begleitet wurde der erste Arbeitseinsatz vom MDR-Fernsehen.

Das Gleis ist nun gut zu erkennen, was nicht zuletzt den Wunsch nach der Streckenverlängerung zum Salztor deutlich macht.

Eine Betriebsgenehmigung für zehn Tage

Der Probebetrieb für den täglichen Linienverkehr im Rahmen des Modellprojektes des Landes Sachsen-Anhalt endete zum 31. Dezember 2009. Zugleich endete auch die Übernahme der ungedeckten Betriebskosten, das heißt des Teils, den das Verkehrsunternehmen nicht aus Einnahmen gegenfinanzieren kann. Jeder Nahverkehrsbetrieb kann je nach seinen Möglichkeiten nur etwa 50 bis 70 Prozent seiner Ausgaben selber erwirtschaften. Der andere Teil wird als ungedeckte Betriebskosten bezeichnet und in der Regel durch die öffentliche Hand finanziert.

Das künftige Aufteilen der Finanzierung zwischen Land, Kreis und Stadt löste intensive Diskussionen aus, ergab aber keine rechtzeitige Einigung über die Verteilung und Übernahme des Defizits. Kurzfristig erklärte sich die Stadt Naumburg bereit, die Finanzierung bis April 2010 zu übernehmen und verhinderte damit eine Unterbrechung des Fahrbetriebes. Ab dem 1. Mai erteilte der Burgenlandkreis als Aufgabenträger und Genehmigungsbehörde eine Betriebsgenehmigung von nur zehn Tagen! In dieser Zeit wurde eine Fortführung ab Mai geklärt, wobei das Land Sachsen-Anhalt letztmalig eine Förderung bis 31. Dezember 2010 bewilligte, sodass bis dahin also eine dauerhafte Lösung für die Zeit danach gefunden werden musste. Ein möglicher Weg wäre die Aufnahme der Straßenbahn in den neuen Nahverkehrsplan des Burgenlandkreises als ÖPNV-Aufgabenträger gewesen. Dieser verweigerte jedoch eine solche Lösung und das Bangen über die ungewisse Zukunft ging weiter.

Eine wichtige Entscheidung fällt im Magdeburger Landtag

Der historische Triebwagen Nummer 29 des Typs Lowa wurde in Gera von 2009 bis 2010 umfangreich und mustergültig restauriert. Im Stil der 1950er-Jahre wurde der Innenraum mit Holzsitzen, Holzfußboden und Holzverkleidungen komplett neu aufgebaut. Wegen des Umbaus in einen Linienstraßenbahnwagen waren umfangreiche Anpassungsarbeiten nötig. So besitzt dieser Wagen eine Türanfahrsperre, die das Anfahren mit einer offenen Tür verhindert, sowie eine Sicherheitseinrichtung an den beiden Fahrschaltern, die im Notfall den Wagen bis zum Stillstand abbremst. Die Finanzierung der Arbeiten war nur dank der Förderung des Landes Sachsen-Anhalt für technische Denkmäler möglich.

Die Einweihung und Taufe des Wagens fand während der Eröffnung der „Galerie im Depot" am 20. August 2010 statt. Zur Premiere stellten im Straßenbahndepot vier verschiedene Künstler vier Wochen lang ihre Arbeiten aus, die auf unterschiedliche Weise ihre jeweilige künstlerische Sicht auf das Thema Straßenbahn zeigten. Das waren die junge Naumburger Fotografin Stefanie Tänzer, der Fotodesigner (und ehemalige Naumburger) Hartwig Ammann aus Schwerte, der Stadtplaner und Grafiker Jürgen Pretzsch aus Erfurt sowie der Maler, Grafiker, Karikaturist und Publizist Andreas Isak Naumann-Nochten aus Görlitz. Die Schirmherrschaft über diese Veranstaltung hatte der Landrat des Burgenlandkreises, Harri Reiche (parteilos), übernommen. Eingeladen waren langjährige, aber auch neue Partner und Sponsoren der Straßenbahn.

Eine für die Naumburger Straßenbahn folgenreiche parlamentarische Entscheidung fiel am 9. Dezember 2010 in Magdeburg: An diesem Tag verabschiedete der Landtag von Sachsen-Anhalt eine Novellierung des ÖPNV-Gesetzes, welches die finanziellen Zuwendungen regelt. Mit 63 Ja- gegen 25 Nein-Stimmen bei sieben Enthaltungen stimmten die Abgeordneten dem Antrag von Verkehrsminister Daehre zu, „dass Straßenbahnen, die ausschließlich mit

Winteridylle im Dezember 2010, als der Lowa-Triebwagen 29 in den Jägerplatz einfährt.

Weiterer starker Schneefall sorgte zu Weihnachten 2010 für diesen Wintereinsatz. Der Fahrbetrieb war zunächst zwar eingeschränkt, konnte aber dennoch aufrechterhalten werden.

historischen Fahrzeugen fahren, gesondert gefördert werden können". Auch die Stadt Naumburg beschloss, sich an den zukünftig entstehenden ungedeckten Betriebskosten zu beteiligen. Somit waren nach monatelangem Ringen die Finanzierung und damit der Weiterbetrieb der Straßenbahn über 2011 hinaus geklärt.

Die robust gebauten Fahrzeuge sind auch bei solchen Wetterereignissen zuverlässig im Einsatz. Die Fahrgastzahlen nahmen auch dadurch enorm zu.

Der für die Region ungewöhnliche Winter 2010/2011 sorgte mit seinen heftigen Schneefällen für einige Behinderungen im Alltagsbetrieb. Die Strecke musste mehrfach mit Schneeschiebern befreit werden, die robusten Straßenbahnen fuhren dagegen störungsfrei. Als einziges Verkehrsunternehmen in Mitteldeutschland konnte die Naumburger Straßenbahn auch unter diesen schwierigen Witterungsbedingungen ihren Betrieb aufrechterhalten. Die Fahrgastzahlen im Dezember stiegen deutlich von bislang 6.000 auf mehr als 8.000 und damit auf einen neuen Höchstwert.

Der „Naumburger Meister" verändert den Straßenbahnfahrplan

Im Naumburger Dom und im Stadtmuseum „Hohe Lilie" fand vom 29. Juni bis 2. November 2011 die Landesausstellung „Der Naumburger Meister" statt, ein ebenso ehrgeiziges wie am Ende sehr erfolgreiches Projekt. Viele Werke des berühmten Künstlers waren für diese Ausstellung aus aller Welt nach Naumburg geholt worden. Angesichts der zu erwartenden hohen Besucherzahlen von rund 150.000 Gästen wurde der Fuhrpark mit der Instandsetzung des Reko-Beiwagens Nummer 19 beim Geraer Verkehrsbetrieb vergrößert und man erarbeitete einen Sonderfahrplan mit erweitertem und verdichtetem Fahrbetrieb.

Fahrplan Linie 4
vom Hauptbahnhof zur Vogelwiese
gültig vom 28. Juni bis 2. November 2011 während der Landesausstellung „Der Naumburger Meister"

Straßenbahn	Montag bis Donnerstag			Freitag		
	6 bis 19 Uhr		20 Uhr	6 bis 21 Uhr		22 Uhr
Hauptbahnhof	00	30	00	00	30	00
Wiesenstraße	01	31	01	01	31	01
Nordstraße	03	33	03	03	33	03
Jägerplatz	04	34	04	04	34	04
Poststraße / Postring	06	36	06	06	36	06
Marientor	07	37	07	07	37	07
Theaterplatz	09	39	09	09	39	09
Vogelwiese	10	40	10	10	40	10

Straßenbahn	Samstag						
	9 und 10 Uhr				11 bis 19 Uhr		20 Uhr
Hauptbahnhof	00	15	30	45	00	30	00
Wiesenstraße	01	16	31	40	01	01	01
Nordstraße	03	18	33	48	03	33	03
Jägerplatz	04	19	34	49	04	34	04
Poststraße / Postring	06	21	36	51	06	36	06
Marientor	07	22	37	52	07	37	07
Theaterplatz	09	24	39	54	09	39	09
Vogelwiese	10	25	40	55	10	40	10

Straßenbahn	Sonntag/Feiertag		
	9 bis 17 Uhr		18 Uhr
Hauptbahnhof	00	30	00
Wiesenstraße	01	31	01
Nordstraße	03	33	03
Jägerplatz	04	34	04
Poststraße / Postring	06	36	06
Marientor	07	37	07
Theaterplatz	09	39	09
Vogelwiese	10	40	10

Fahrplan Linie 4
von der Vogelwiese zum Hauptbahnhof
gültig vom 28. Juni bis 2. November 2011 während der Landesausstellung „Der Naumburger Meister"

Straßenbahn	Montag bis Donnerstag			Freitag		
	5 Uhr	6 bis 19 Uhr		5 Uhr	6 bis 21 Uhr	
Vogelwiese	45	15	45	45	15	45
Theaterplatz	46	16	46	46	16	46
Marientor	48	18	48	48	18	48
Poststraße / Postring	49	19	49	49	19	49
Jägerplatz	51	21	51	51	21	51
Nordstraße	52	22	52	52	22	52
Wiesenstraße	54	24	54	54	24	54
Hauptbahnhof	55	25	55	55	25	55

Straßenbahn	Samstag						
	8 Uhr	9 und 10 Uhr				11 bis 19 Uhr	
Vogelwiese	45	00	15	30	45	15	45
Theaterplatz	46	01	16	31	46	16	46
Marientor	48	03	18	33	48	18	48
Poststraße / Postring	49	06	21	36	51	19	49
Jägerplatz	51	08	23	38	53	21	51
Nordstraße	52	09	24	39	54	22	52
Wiesenstraße	54	11	26	41	56	24	54
Hauptbahnhof	55	12	27	42	57	25	55

Straßenbahn	Sonntag/Feiertag		
	8 Uhr	9 bis 17 Uhr	
Vogelwiese	45	15	45
Theaterplatz	46	16	46
Marientor	48	18	48
Poststraße / Postring	49	19	49
Jägerplatz	51	21	51
Nordstraße	52	22	52
Wiesenstraße	54	24	54
Hauptbahnhof	55	25	55

Der Sonderfahrplan während der Landesausstellung 2011.

Die Besucher der Ausstellung bekamen auf Vorlage der Eintrittskarte einen einmaligen Rabatt auf die Einzelfahrkarte. Ein großer Erfolg war die Landesausstellung in verschiedener Hinsicht. Zum einen besuchten sie insgesamt 194.000 Menschen und damit deutlich mehr als erwartet, zum anderen beförderte die historische Straßenbahn in diesem Zeitraum 47.100 Fahrgäste – mithin 60 Prozent mehr als im selben Zeitraum des Vorjahres. Aufgrund dieser Steigerung wurde erstmalig nach Wiederaufnahme des täglichen Linienbetriebes mit insgesamt 103.000 Fahrgästen die 100.000er-Marke überschritten. Im Vorjahr, als die *Internationale Bauausstellung (IBA)* stattfand, waren es „nur" 85.000 gewesen.

Im Sommer 2011 verabschiedete sich die *Naumburger Straßenbahn GmbH* von ihrem Markennamen *Naumburger Touristenbahn (NTB)* und trägt seitdem den Zusatz *Historischer Linienverkehr.* Zugleich wurde ein neues Logo eingeführt, welches u. a. auf allen Haltestellenschildern und in sämtlichen Druckerzeugnissen verwendet wird.

Nach Instandsetzung anlässlich der Landesausstellung „Der Naumburger Meister" 2011 zeigte sich der Reko-Beiwagen 19 in beige und rubinrot.

Während der Ausstellung wurde an den Samstagen vom Hauptbahnhof bis zum Theaterplatz (Curt-Becker-Platz) planmäßig der Beiwagen mitgeführt.

Auch Friedrich Nietzsche ist gern Bahn gefahren

Sehr unterschiedliche Aktionen rund um die Naumburger Straßenbahn setzten im Jubiläumsjahr 2012 Akzente. Nach dem Kolloquium „Straßenbahnen in kleinen Städten“ im Jahr 1993 lud die Naumburger Straßenbahn GmbH zu einer ÖPNV-Fachkonferenz zum Thema „Ideen für den touristischen Schienen-Nahverkehr außerhalb der Zentren“ ein. Daran nahmen Vertreter von mitteldeutschen Verkehrsunternehmen teil, deren Nutzer ausschließlich Touristen sind. Neben dem neuen Minister für Verkehr des Landes Sachsen-Anhalt, Thomas Webel (CDU), und dem Leiter des Wirtschaftsamtes Burgenlandkreis, Thomas Böhm, begrüßte der Oberbürgermeister der Gastgeberstadt Naumburg, Bernward Küper (CDU), zahlreiche Teilnehmer.

Inhaltlich ging es entsprechend dem Konferenzthema vor allem um den Schienennahverkehr im ländlichen Raum und darum, wie daraus für den Tourismus Nutzen gezogen werden könne. Karl-Hermann Fahsel, Abteilungsleiter im Magdeburger Ministerium für Landesentwicklung und Verkehr, machte unter Verweis auf Aktivitäten des Landes Sachsen-Anhalt zur Unterstützung des Tourismus- und Freizeitverkehrs im ÖPNV auf eine spannende Zahl

Das neue Logo der Naumburger Straßenbahn GmbH.

aufmerksam: „Am Wochenende beträgt der Anteil des Freizeitverkehrs im ÖPNV 70 Prozent." Wie er hinzufügte, habe das Land besondere Fördermöglichkeiten für besondere Verkehrsunternehmen geschaffen, „so für die Harzer Schmalspurbahnen, für die Rübelandbahn und für die Naumburger Straßenbahn."

In seinem Impulsvortrag referierte Gerd Probst, Geschäftsführer der *Probst & Consorten Marketing-Beratung* aus Dresden, über „Erfolgsfaktoren für den touristischen ÖPNV außerhalb der Zentren" und erklärte u. a., dass ÖPNV viel mit Herz und engagiertem Handeln vor Ort zu tun habe. Und: „Der Schienen-Bonus ist ein psychologisches Konstrukt, dessen Effekt wir alle kennen: Wenn eine Region nicht mit der Schiene angebunden ist, wird sie von weniger Gästen im Tourismus besucht."

Ein geradezu selbstkritisches Geständnis legte Naumburgs Oberbürgermeister Küper ab, der bekannte, dass ihn die Straßenbahner „in den Anfängen eher genervt" hätten – „weil die wollten immer was von mir." Aber: „Bei außergewöhnlichen Projekten spielt auch das Gefühl eine Rolle. Zur Straßenbahn habe ich seit Jahren ein gutes Gefühl", so Küper weiter.

Einen ganz besonderen Hinweis bekamen die Tagungsteilnehmer von Dr. Ralf Eichberg, dem Leiter des Nietzsche-Dokumentationszentrums der Friedrich-Nietzsche-Stiftung Naumburg, zu hören. Demnach sei Nietzsche oft und gerne mit der Bahn gefahren. Eines der wichtigsten Bücher für den Philosophen sei das Kursbuch gewesen.

In seinem Schlusswort erklärte Hans-Volker Krebs, Leiter Vertrieb der *Münchner Verkehrsgesellschaft (MVG)* und Moderator der Fachkonferenz, dass der Freizeitverkehr im ÖPNV einfach zugänglich sein müsse. Zugleich bekräftigte er die Forderung, dass die Verkehrsunternehmen mit den Akteuren vor Ort gut vernetzt sein sollten. Und: „Außerhalb der Zentren braucht es die ganz besondere Liebe zur Arbeit, damit sich der dauerhafte Erfolg einstellen kann." Insgesamt gab es auf der Veranstaltung viele interessante Anregungen für die Zukunft.

In der Bahnhofstraße ist Gotha-Triebwagen 37 in Richtung Vogelwiese unterwegs. Der Wagen zeigt keine Naumburger Farbgebung, sondern die der Straßenbahn Stralsund, wo er von 1959 bis zur Betriebseinstellung 1966 unterwegs war. Weitere Stationen waren Gera, Görlitz und Jena, ehe er 2003 nach Naumburg kam.

Auf der Fahrt vom Hauptbahnhof in die Stadt fährt Gotha-Triebwagen 38 die Bergstraße hinauf. Seit der Ankunft im Jahr 2003 trägt er orangen Lack – so wie die Fahrzeuge ab 1982.

Wagen Nummer 37 befährt den herbstlichen Marienring in Richtung Vogelwiese.

Tür zu, Bremse los, Bühne frei

Im wahrsten Sinne des Wortes eine ganz andere Premiere war im Mai 2012 die erstmalige Zusammenarbeit mit dem Theater Naumburg, dem kleinsten Stadttheater Deutschlands. Für diese Aktion wurde ein eigens hergerichteter Straßenbahnwagen zu einer rollenden Bühne. Gegeben wurde das Stück „Durch Liebe erlöst – eine heilende Heimatgeschichte in fünf Stationen" unter der Regie von Ernst Georg Hering. Es war die gelungene Adaption eines Unterhaltungsromans von Hedwig Courths-Mahler, die im nahegelegenen Nebra geboren wurde und nach Auffassung des Theaters zu ihren Lebzeiten regelmäßig Fahrgast der Naumburger Straßenbahn gewesen sein soll.

Die von jeweils 20 Straßenbahntheaterbesuchern zu erlebende amüsante Kooperation erfreute sich hoher Nachfrage, war regelmäßig ausverkauft und brachte es am Ende auf insgesamt 28 Vorstellungen – mit Hilfe einer etwas langsameren Fahrgeschwindigkeit und mehreren Fahrtunterbrechungen auf 50 Minuten gedehnt, endete die in typischer Courths-Mahler-Manier geschilderte Suche nach Liebe an der Zielhaltestelle Straßenbahndepot mit einem Happy-End: „Durch Liebe erlöst" eben. Und es sollte nicht bei dieser einmaligen kreativen Zusammenarbeit zwischen Theater und Straßenbahn bleiben.

Aufgrund der guten Erfahrungen während der Landesausstellung „Der Naumburger Meister" wurde der Betriebsschluss an den Wochenenden in der Sommersaison zwischen März und Oktober von 18 Uhr auf 20 Uhr (in späteren Jahren sogar auf 20.30 Uhr) verlegt, was dem Bedarf viel besser gerecht wurde.

Wie schon erwähnt, stammte das Straßenbahndepotgebäude von 1840. Weil daran jahrzehntelang nur die notwendigsten Sicherungsmaßnahmen erfolgt waren, begann die Stadt als Eigentümerin im Frühjahr 2012 mit dem ersten Abschnitt der Sanierung der Gebäudehülle. Die inzwischen gültigen strengeren deutschen Sicherheitsvorschriften des 21. Jahrhunderts verlangten u. a. das Verbreitern der Einfahrtstore. In diesem Zusammenhang wurde auch die Frontfassade erneuert – selbstverständlich unter Berücksichtigung aller denkmalpflegerischen Aspekte, denn das Depot steht seit den 1990er-Jahren unter Denkmalschutz und befindet sich im Altstadtsanierungsgebiet. Erst fünf Jahre später wurde dann endlich auch das Dach des Depotgebäudes saniert. Zum Glück hatte es während der ganzen Zeit kaum durchgeregnet.

120-Jahr-Feier mit Gastwagen

Als besondere Aktion zur Feier „120 Jahre Naumburger Straßenbahn" am 13. und 14. September 2012 fuhr der historische Triebwagen 29 Baujahr 1905 aus Gera. Dieser Wagen sieht der ersten elektrischen Straßenbahn sehr ähnlich, war ein starker Anziehungspunkt und ein gern genutztes Fahrzeug. Weitere Highlights des umfangreichen Festprogramms waren der Einsatz eines Cabrio-Busses aus Erfurt auf einer Sonderlinie der *PVG Burgenlandkreis* und Fahrten mit der Pferdestraßenbahn. Auch dieser Wagen wirkte historisch echt und wie dem 19. Jahrhundert entstiegen, obwohl es in Naumburg niemals eine solche Pferdestraßenbahn gegeben hatte, sondern nur entsprechende Vorschläge.

Zur Feier des 120-jährigen Bestehens der Naumburger Straßenbahn kamen Gastwagen zum Einsatz. Auf den Schienen war das der historische Triebwagen 29 aus Gera und auf der Straße der Cabrio-Bus aus Erfurt.

Eigentlich sind zwei Wagen mit gleicher Betriebsnummer nie gleichzeitig im Einsatz, doch zur Feier konnte an der Ausweiche am Hauptbahnhof solch ein Bild gemacht werden.

Zu Beginn der elektrischen Straßenbahn in Naumburg fuhren Fahrzeuge mit offener Plattform. Zum Fest konnte der Fahrgast ein entsprechendes luftiges Fahrgefühl erleben.

Ein Straßenbahnfest auf der grünen Wiese

Seit 2009 legten die Straßenbahner mit Hilfe ungezählter weiterer fleißiger Hände in vielen Arbeitseinsätzen an den Wochenenden das noch vorhandene, aber ziemlich zugewachsene Restgleis wieder frei. Zum Teil wurde auch der Schotter ausgehoben und gereinigt, um anschließend die Gleise „neu" einzuschottern. Durch diese Arbeiten war es zugleich möglich, den Zustand der Strecke zu ermitteln. Die Untersuchung zeigte, dass die Schienen selbst zum größten Teil weiter verwendbar waren, aber die Holzschwellen getauscht werden mussten.

Das Projekt der Streckenverlängerung war der Betreibergesellschaft und dem Verein wichtig. Das Straßenbahnfest am 13. und 14. September 2012 wurde daher vom Straßenbahndepot auf die „grüne Wiese" am Salztor verlegt. Während der zwei Festtage hatten die geladenen Gäste aus Wirtschaft und Politik sowie Anwohner und Öffentlichkeit ausgiebig Gelegenheit, die Vorplanung einzusehen und darüber zu diskutieren. Und um ein erstes Fahrgefühl zu vermitteln, pendelte auf dem freigelegten Teilstück eine Handhebeldraisine zum Selberfahren. Diese war freundlicherweise wiederum vom *Deutschen Eisenbahnverein Bruchhausen-Vilsen* in Niedersachsen zur Verfügung gestellt worden.

Aus der Vorstellung war zu entnehmen, dass bei einer Gesamtlänge von 440 Metern rund 250 Meter Gleis neu verlegt werden müssten. Hinzu kämen die Straßenquerungen, Fußwegübergänge, die komplette Fahrleitungsanlage und der Neubau der Haltestelle „Salztor". Mit deren Bedienung würden u. a. Schulen, Kitas, Theater sowie weitere Kultur- und

Freizeiteinrichtungen angebunden und neue Fahrgastpotenziale erschlossen. Das Fahrangebot des 30-Minuten-Taktes würde mit gleichem Betriebsaufwand aufrechterhalten werden können, doch fehlten der Stadt die Eigenmittel, um die Fördergelder abrufen zu können.

Um einen Eigenanteil zu erwirtschaften, gab es einen Spendenaufruf mit der symbolischen Möglichkeit des „Kaufs" von 15 Fahrleitungsmasten und 600 Betonschwellen. Bereits nach dem offiziellen Festakt wurde unter den aufmerksamen Augen der Vertreter aus Politik, Wirtschaft und Öffentlichkeit der erste Fahrleitungsmast gesetzt. Diesen hatte der Hersteller, die örtliche *MuR Stahlbau GmbH* gesponsert.

Diese Aktion fand innerhalb eines Jahres ein sehr großes Echo, mit dem niemand gerechnet hatte. Über 460 Spender, größtenteils Privatpersonen oder Firmen und Institutionen sowohl aus der Region als auch ganz Deutschland, beteiligten sich daran und am Ende waren Spenden und Leistungen im Wert von mehr als 100.000 Euro zusammengekommen – ein stolzes Ergebnis. Mit diesem Geld konnten nicht nur die nicht förderfähigen Planungskosten finanziert, sondern auch das vorhandene Gleisstück auf 170 Metern aufgearbeitet werden. Der Untergrund wurde mit neuem Schotter versehen und die Holzschwellen gegen solche aus Beton getauscht. Die Anbindung an das bestehende Gleis an der Vogelwiese sowie der Fahrleitungsbau erfolgten 2017.

Ein weiteres deutliches Zeichen für die Streckenverlängerung zum Salztor war das Setzen des ersten Fahrleitungsmastes unter den Augen zahlreicher Gäste des Straßenbahnfestes.

Der Naumburger Hersteller MuR Stahlbau selbst fertigte und sponserte den ersten Mast. Diese Aktion fand viele Nachahmer, jeder Mast an der Strecke hat ein Schild des Spenders.

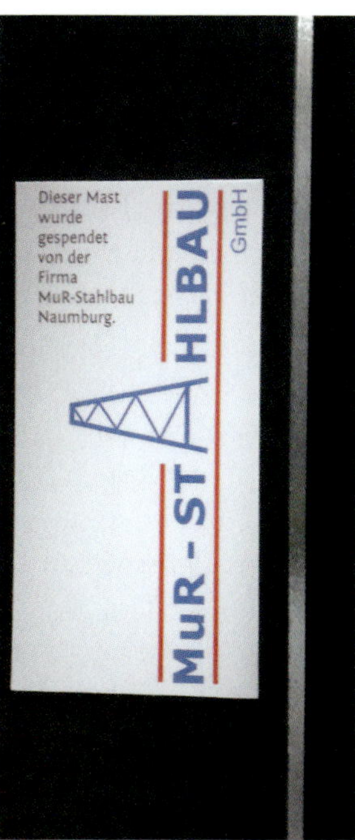

Neben der Projektvorstellung konnte jeder den noch vorhandenen und zuvor freigelegten Gleisrest mit einer Handhebeldraisine befahren.

Am 11. November 2014 erfolgte der etwas andere Spatenstich des ersten Bauabschnittes zur Streckenverlängerung. Oberbürgermeister Bernward Küper lockert zusammen mit den beiden Geschäftsführern Andreas Plehn und Andreas Messerli mit einem Schlüssel die Schrauben.

Bereits sieben Tage später wurden die neuen Betonschwellen verlegt und die noch brauchbaren Schienen darauf befestigt.

Es gibt wieder was zu feiern – und zwar gleich zwei Jubiläen

Im März 2014 konnte die Naumburger Straßenbahn GmbH ihr 20-jähriges Bestehen feiern. Aus diesem Anlass durften sich die Naumburgerinnen und Naumburger in dem Monat über einen informativen Flyer und über eine kleine süße Aufmerksamkeit freuen – über eine 40-Gramm-Portion Straßenbahnenergie.

1994 - 2014

20 Jahre

Naumburger Straßenbahn GmbH

Wir bedanken uns
für Ihre Fahrt(en)
mit der "Wilden Zicke"

Mit diesem Aufdruck auf einer Schokolade bedankte sich die Straßenbahn bei ihren Fahrgästen.

Ein zweites Jubiläum bezog sich auf den Ringschluss vor damals genau 100 Jahren am 8. April 1914. Das blieb auch so bis 1991, als die Bahn faktisch komplett aufhörte zu existieren – im Behördendeutsch freundlich als „Betriebsunterbrechung“ bezeichnet. Je nach Betrachtungsweise dauerte diese „Betriebsunterbrechung“ zwischen ein paar Monaten oder 16 Jahren, wenn man den täglichen Linienbetrieb meint. Der wurde erst am 30. März 2007 wieder aufgenommen.

Wenn der Nikolaus Straßenbahn fährt ...

Begleitet wurde der tägliche Linienbetrieb – also die Pflicht – durch die eine oder andere Kür-Veranstaltung. So fährt seit 2007 eine „Nikolausbahn“ speziell für die Naumburger Kitas. Während der Fahrt verteilt der Nikolaus höchstpersönlich kleine Geschenke an die jüngsten Fahrgäste. Ein weiteres Angebot für Grundschulkinder sind die inzwischen sehr beliebten „Buchlesefahrten“ mit Bibliothekarinnen der Stadtbibliothek Naumburg, und zwar immer kurz vor den Sommerferien. Gut angenommen wurde außerdem die erstmalig 2014 auf die Strecke geschickte Diskobahn „Wilde Zicken Beats“. Zu diesem Zweck wurde ein Wagen mit der notwendigen Technik bestückt und diskomäßig ausgestaltet. Partner dieser Aktion ist von Anfang an der *Musiker-Stammtisch e. V.*, ein Zusammenschluss freier Musiker aus der Region, die auch die DJs oder die DJanes stellen.

Alles neu macht manchmal auch der Dezember

Zum Fahrplanwechsel am 13. Dezember 2015 gab es bei der Eisenbahn für die Region Halle/Leipzig-Erfurt-Jena weitreichende Veränderungen, die sich auch auf die Straßenbahn auswirkten. So halten seitdem im Fernverkehr zwei ICE-Linien nicht mehr in Naumburg. Zum Ausgleich bietet die *Nahverkehrsservice Sachsen-Anhalt GmbH (NASA)* ein umfangreiches Beförderungspaket mit Regionalbahnen und Regionalexpresszügen mit deutlich besseren Verbindungen in die eingangs genannten Großstädte an. Diese werden nun häufiger angefahren und die Straßenbahn verkehrt jetzt an allen Tagen letztmalig 20.30 Uhr ab Hauptbahnhof Richtung Innenstadt und sichert damit den letzten Sammelanschluss. Zugleich übernahm zu dem Zeitpunkt mit der *Abellio Rail Mitteldeutschland GmbH* ein neuer Betreiber fast alle Bahnverbindungen. Nicht zuletzt mit dessen neuen Zügen erhöhte sich die Qualität des Reisens deutlich. Ein weiterer Vorteil ergab sich für die Umsteiger von der Eisenbahn in die Straßenbahn, denn dort werden seit dem Fahrplanwechsel 2015 auch die Fahrkarten des *Mitteldeutschen Verkehrsverbundes (MDV)* anerkannt, die in Halle, Leipzig und im gesamten Burgenlandkreis gültig sind. Alle diese Veränderungen wirkten sich im folgenden Jahr positiv auf die Straßenbahn aus und erbrachten erneut einen deutlichen Fahrgastzuwachs in Höhe von 30 Prozent von 103.000 auf 134.500 im Jahr 2016. Damit waren durchschnittlich 367 Personen pro Tag mit der Straßenbahn unterwegs, 79 mehr als 2015.

Zwei weitere Wagen für den Fahrbetrieb

Gleich zwei historische Straßenbahnen konnten 2016 nach umfangreicher Instandsetzung und Restauration in Betrieb genommen werden. Festlich empfangen wurde im Juni der Triebwagen Nummer 51 vom Typ Reko Baujahr 1973, der vor seinem Naumburger Einsatz bei der *IFTEC GmbH* in der Hauptwerkstatt Heiterblick in Leipzig abschließend restauriert worden war.

Im Dezember folgte der für Naumburg älteste elektrische Triebwagen, der Wagen Nummer 17 vom Typ Lindner Baujahr 1928. Zwischen 2009 und 2014 war dieses historisch sehr wertvolle Fahrzeug in den Werkstätten der *Geraer Verkehrsbetrieb GmbH* in mehreren Abschnitten technisch instandgesetzt und insgesamt liebevoll restauriert worden, sodass es jetzt der ganze Stolz der Naumburger Straßenbahn ist.

Nachdem der zweite Triebwagen vom Typ Reko einige Jahre abgestellt im Depot stand, kam er Ende April per Lkw von seiner abschließenden Instandsetzung in Naumburg an. Über eine Rampe rollte er auf die Gleise, wo ihn ein anderer Straßenbahnwagen für den restlichen Weg in das Depot in Schlepp nahm.

Im Innenraum des Wagens mit seinem roten Fußbodenbelag, dem grünen Hammerschlaglack an der Tür sowie den grünen Kunstledersitzen fühlt man sich in dessen Baujahr 1973 zurückversetzt.

In der gleichen auffallenden Lackierung ist der typenreine Reko-Zug meist zu Sonderfahrten im Einsatz. Dabei wird jedesmal an den Ausweichstellen entsprechend umgekuppelt.

Mitte Dezember 2016 fand die technische Abnahmefahrt des historischen Lindner-Triebwagens Nummer 17 statt. Gut zu sehen ist das installierte Messgerät für die Bremsprüfung.

Ein Blick in den Innenraum zeigt, wie mustergültig dessen Einrichtung komplett neu angefertigt und montiert wurde, einzig die Holzlatten waren noch vorhanden.

Quasi als Weihnachtsgeschenk fuhr der Wagen am 24. Dezember 2016 das erste Mal im Linienverkehr.

Als ältester seiner Art im Linienverkehr befährt der Lindner-Wagen Nummer 17 die Gefällestrecke der Bergstraße entlang zum Hauptbahnhof. Dort wird die Fahrtrichtung gewechselt und auf dem Rückweg fährt der Wagen den Berg wieder hinauf.

Im Jubiläumsjahr 125 Jahre Naumburger Straßenbahn wird wieder bis zum Salztor gefahren

Ein lang gehegter Plan der Naumburger Straßenbahner ging im Jubiläumsjahr endlich in Erfüllung – die Streckenerweiterung von der Vogelwiese zum Salztor. Möglich wurde dies durch Fördermittel des Landes Sachsen-Anhalt. Dem feierlichen Spatenstich am 24. August folgte bereits am 1. Dezember die offizielle Eröffnung, deren Feier mit rund 300 geladenen Gästen gegen 14 Uhr im Cinestar-Kino in der Nähe des Theaterplatzes (Curt-Becker-Platz) begann. Kurz nach 15 Uhr durchschnitten einige Kinder aus dem benachbarten Kindergarten Jakobsmauer, dazu Thomas Webel (CDU), Minister für Landesentwicklung und Verkehr, Götz Ulrich (CDU), Landrat des Burgenlandkreises, Dieter Stier (CDU), Mitglied des Bundestages und Vorsitzender des Kreistags, Thomas Pleye, Präsident des Landesverwaltungsamtes, Bernward Küper (CDU), Oberbürgermeister der Stadt Naumburg, und Daniel Sturm (CDU), Mitglied des Landtags und Gemeinderats Naumburg an der bisherigen Endhaltestelle Vogelwiese das rote Band. Wenige Minuten später befuhren die Sonderbahnen mit den offiziellen Gästen und Journalisten die um 440 Meter verlängerte Strecke. Exakt elf Minuten nach ihrer Abfahrt am Hauptbahnhof um 16 Uhr erreichte die erste reguläre Bahn der Linie 4 die neue Endhaltestelle Salztor. Damit sind jetzt wieder rund zwei Drittel der ursprünglichen Ringbahnstrecke befahrbar.

Die erste Straßenbahn auf der Strecke zum Salztor war der Triebwagen Nummer 17 bei der Abnahmefahrt am 17. November 2017.

Wenige Tage nach der feierlichen Eröffnung der Strecke am 1. Dezember mit rund 300 Gästen wartet Triebwagen Nummer 38 an der noch provisorischen neuen Haltestelle Salztor auf seine Abfahrt.

Im April 2018 ist der ebenfalls neu angelegte Fuß- und Radweg im Haltestellenbereich fertig. Die Strecke wurde mit Rasengleis versehen, die Fahrleitung halten neu gebaute Stahlgittermasten mit Bogenauslegern.

Eine Haltestelle kehrt an ihren alten Platz zurück

Bereits im Mai 2018 wurde wieder an einer Streckenverlängerung gebaut, diesmal allerdings auf der anderen Seite der Strecke am Hauptbahnhof. Hatte die Straßenbahn seit Ende 2005 in Randlage vor dem Bahnhofsvorplatz gehalten, so ergeben sich mit der Verlegung der Haltestelle direkt auf den Aachener Platz, den Vorplatz des Hauptbahnhofs, neben besserem Sichtkontakt auch kürzere Wege zwischen Zug, Bus und Tram – eine richtige Schnittstelle der Verkehrsträger. Rund 200 Gäste waren bei der Einweihung am 14. September 2018 dabei, als die Politiker nicht nur über die Ringbahn sprachen, sondern symbolisch den Pferdebahnwagen in die neue Haltestelle und damit auch das Projekt Ringbahn anschoben.

2018 stiegen die Fahrgastzahlen erneut deutlich an – auf 178.600 gegenüber 152.500 im Vorjahr, was hauptsächlich der 2017 realisierten Streckenverlängerung zum Salztor geschuldet war. Nutzer der Bahn sind Berufspendler, Schüler und Berufsschüler, aber auch Einheimische aus Naumburg und der Region als „Freizeitfahrer" sowie Urlauber und Touristen, die nun einen guten Grund mehr haben, eine der schönsten Perlen Mitteldeutschlands zu besuchen.

Wieder direkt vor dem Empfangsgebäude des Hauptbahnhofes befindet sich seit September 2018 die gleichnamige Haltestelle auf dem Aachener Platz. Dadurch haben Pendler und Gäste der Stadt eine direkte Sichtbeziehung sowie kurze Umsteigewege.

2019 – es werden die Weichen für die Zukunft gestellt

Eine sehr gute Nachricht für alle Freunde ihrer Straßenbahn war am 24. Juli 2019 im „Naumburger Tageblatt" zu lesen. Im Aufmacher auf der Lokalseite berichtete Redakteurin Constanze Matthes über ein überaus erfreuliches Ereignis vom Vortag: Am 23. Juli 2019 hatten die beiden Geschäftsführer der Naumburger Straßenbahn GmbH, Andreas Plehn und Andreas Messerli, mit Oberbürgermeister Bernward Küper einen neuen Vertrag unterschrieben, der die Nutzung der Bahn regelt. Der Burgenlandkreis stellte daraufhin am 23. August 2019 die Linienverkehrsgenehmigung bis zum 31. Dezember 2034 aus. Somit ist die Zukunft der Bahn mindestens bis 2035 gesichert, und damit sogar über das tausendste Jubiläum der Domstadt hinaus.

Und noch eine erfreuliche Nachricht: Bereits im September 2018 bekundete der Burgenlandkreis als „Aufgabenträger des Öffentlichen Personennahverkehrs", wie es im schönsten Amtsdeutsch heißt, ein Gutachten zur Ringbahn in Auftrag geben zu wollen. Damit soll vor allem ermittelt werden, welche Streckenführung die zukunftsträchtigste sein könnte. Nächste Schritte werden dann Planungen für den Trassenverlauf und für ein tragfähiges Finanzkonzept sein.

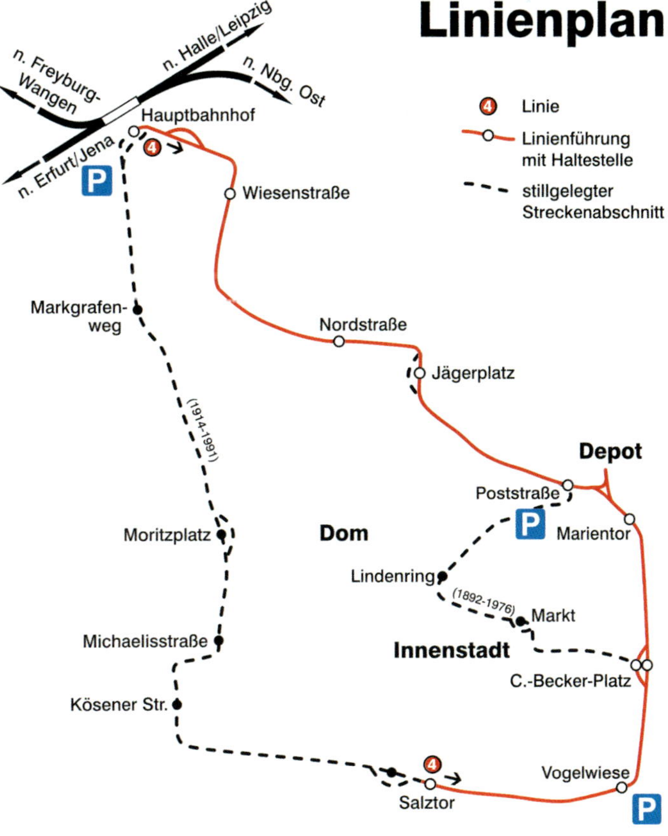

Der Liniennetzplan der Ringstrecke mit dem aktuell betriebenen Teilstück.

Als eine Geisterbahn durch Naumburg fuhr

An dem kalten und nebligen Montagvormittag des 21. Januar 1985 machte sich ein Lowa-Wagen kurz nach 11 Uhr aus zunächst unerklärlichen Gründen plötzlich durch das offen stehende Depottor ganz allein auf den Weg und fuhr mit langsamer Geschwindigkeit der Fahrstufe 1, also nicht schneller als 10 bis 15 km/h, über Marienring, Wenzelsring und Moritzberg insgesamt 3,5 Kilometer Richtung Hauptbahnhof – und zwar im Uhrzeigersinn und damit in entgegengesetzter Richtung zum Linienverkehr.

Ohne von irgendjemandem aufgehalten zu werden, passierte Tw 24 mehrere Haltestellen, ohne anzuhalten. Wartende Fahrgäste waren nicht nur irritiert, sie wunderten sich auch, dass der Wagen in der falschen Richtung fuhr, dass die Türen während der Fahrt offen standen, und vor allem darüber, dass sie keinen Straßenbahnfahrer im Führerstand erkennen konnten. Eine Geisterbahn in Naumburg …

Zunächst ging aber alles gut. Erst in der Straße der Jugend wartete das Unglück – in Gestalt des mit Fahrgästen besetzten Tatra-Triebwagens 44, der gerade vom Hauptbahnhof losgefahren war. Dessen Fahrer bekam zwar mit, dass ihm irgendetwas entgegenkam, konnte aber wegen des Nebels nichts Genaueres erkennen und dachte sich, dass der ihm entgegenkommende Kollege schon abbremsen würde. Er konnte nicht sehen, dass der Triebwagen führerlos war und sich seiner Bahn unaufhaltsam näherte. Kurze Zeit später war ihm klar, dass irgendetwas nicht

stimmte, und er rief aufgeregt in den Wagen hinein: „Achtung, festhalten. Gleich gibt es eine Kollision!“

Und dann passierte es. Tw 24 fuhr frontal auf den stehenden Straßenbahnwagen 44 auf. Zum Glück wurden bei dem Aufprall niemand verletzt. Beide Bahnen waren jedoch beschädigt. In der Zeitung war am folgenden Tag in einer kleinen Notiz von einem „mittleren Sachschaden“ die Rede. Damals heimlich aufgenommene Fotos zeigen das Ausmaß des Unglücks. Die Bilder wurden seinerzeit nicht veröffentlicht und werden in diesem Buch – 34 Jahre nach dem Unglück – zum ersten Mal gezeigt.

Nur kurze Zeit nach dem ungewöhnlichen Unfall war der Bereichsleiter an der Unglücksstelle und befragte die Fahrer. Immer wieder stellte er ihnen ein und dieselbe Frage: „Das kann doch nicht wahr sein. Wer von Euch hat diese Bahn gefahren? Ich will endlich die Wahrheit wissen.“ Doch niemand gab zu, den Unglücks-Triebwagen 24 gelenkt zu haben. Und damit hatten sie vollkommen recht.

Was aber war passiert? Wie konnte Tw 24 führerlos durch Naumburg fahren? Waren überirdische Kräfte im Spiel? Oder war es am Ende der DDR vielleicht sogar ein Fall von Sabotage?

Spätere Untersuchungen erklärten das Geschehen wie folgt: Im hinter dem Depot gelegenen Bahnbetriebsunterwerk, in dem der Fahrstrom geschaltet wird, fanden am 21. Januar 1985 planmäßige Wartungsarbeiten statt. In gewissen Zeitabständen wurde der Fahrstrom mehrfach ab- und wieder angeschaltet, um an der Anlage arbeiten zu können. Die Fahrer der Straßenbahnen meldeten sich telefonisch, um ihren jeweiligen Standort durchzugeben. Entsprechend wurde ab- und wieder angeschaltet.

Gleichzeitig hatte ein Werkstatt-Elektriker an diesem Vormittag einen Straßenbahnwagen durchzusehen – eine Routine-Überprüfung seiner elektrischen Anlagen. Während seiner Durchsicht hatte der Elektriker offenbar den Fahrschalter auf die erste Fahrstufe geschaltet und den Wagen nach Abschluss seiner Arbeiten wieder verlassen – ohne den Fahrschalter vorschriftsgemäß wieder auf null zu setzen. Als die Kollegen im Unterwerk wieder einmal den Fahrstrom einschalteten, bekam die Bahn „Saft“ und konnte unbemerkt aus dem Depot herausfahren. Trotz der winterlichen Temperaturen standen die großen Tore weit offen …

Die Geisterbahn-Fahrt wurde übrigens nicht nur von den Fahrgästen an den Haltestellen beobachtet, sondern auch von dem Fahrer eines Linienzuges auf einer Ausweichstelle. Der wusste allerdings, dass die Werkstatt manchmal Probefahrten im Uhrzeigersinn unternahm, und daher dachte er sich nichts weiter dabei. Ein Unglück kommt eben selten allein.

Tw 44 hatte übrigens nur einen Fahrerstand, konnte nach dieser Kollision nicht mehr aus eigener Kraft weiterfahren und musste abgeschleppt werden. Die Geisterbahn verfügte hingegen über zwei Fahrerstände und konnte selbstständig wieder zurückfahren – diesmal allerdings mit Fahrer und in der richtigen Richtung.

Wie aus den Archivunterlagen der Naumburger Straßenbahn hervorgeht, wurden beide Triebwagen offenbar noch einmal instand gesetzt und zumindest einige Zeit lang weiter eingesetzt. Tw 24 wurde 1987 ausgesondert und verschrottet. Zwei Jahre später ereilte Tw 44 dasselbe Schicksal. Schade eigentlich, zumindest die Geisterbahn hätte vielleicht auf irgendeinem Rummel einen vergnüglichen und weniger gefährlichen Dienst tun können …

Chronik

9. September 1889	Ein Komitee zum Bau einer Straßenbahn gründet sich.
18. Juni 1892	Die Naumburger Straßenbahn AG (NSAG) wird gegründet.
15. September 1892	Die Dampfstraßenbahn nimmt ihren Betrieb auf. Die Strecke führt vom Bahnhof über den Markt zum Wenzelstor.
1. Oktober 1900	Die Stadt Naumburg übernimmt die Dampfstraßenbahn.
14. Mai 1906	Die Naumburger Stadtverordneten beschließen den Bau einer elektrischen Straßenbahn.
15. Dezember 1906	Das neue Elektrizitätswerk wird eröffnet und der Probebetrieb beginnt.
2. Januar 1907	Die Naumburger Straßenbahn nimmt ihren elektrischen Betrieb auf der Strecke vom Hauptbahnhof zum Salztor auf.
8. April 1914	Die Strecke wird zu einer Ringbahn geschlossen.
Ende 1943 bis 1945	Zwischen dem Hauptbahnhof und dem Naumburger Hauptpostamt 1 am Depot wird ein Postpendelverkehr eingerichtet.
1949	Die Naumburger Straßenbahn wird in das Kommunale Wirtschaftsunternehmen (KWU) Naumburg eingegliedert.
1. Januar 1951	Die Straßenbahn wird in VEB (K) Straßenbahn Naumburg (Saale) umbenannt.
12. April 1976	Mit dem Einrichten einer Fußgängerzone wird die Strecke über den Markt in der Innenstadt nicht mehr befahren. Die Bahn pendelt nun vom Lindenring über den Hauptbahnhof bis zum Platz der Einheit.
30. Dezember 1981	Mit dem Neubau der Strecke zwischen Platz der Einheit und Depot am Marienring wird der Ring erneut geschlossen. Gleichzeit wird der Abschnitt vom Depot zum Lindenring eingestellt.
1. Januar 1982	Die Straßenbahn wird dem VEB Kraftverkehr Zeitz, Betriebsteil Naumburg (KVN) angegliedert.
Januar 1990	Die Initiativgruppe „Rettet die Straßenbahn" gründet sich.
18. Juni 1991	Aus dieser Initiativgruppe heraus wird der Naumburger Verkehrsfreunde e.V. gegründet.
30. Juni 1991	Die Stadt Naumburg übernimmt von der Zeitzer Verkehrsgesellschaft mbH (ZVG) Niederlassung Naumburg die Betriebsführung der Naumburger Straßenbahn.
18. August 1991	Der Betrieb wird „vorübergehend wegen Bauarbeiten" eingestellt, es war allerdings der letzte Betriebstag auf der Ringbahn.
1. April 1992	Die Stadt Naumburg übernimmt die Straßenbahn offiziell.
19./20. September 1992	Das 100-jährige Bestehen der Straßenbahn wird groß gefeiert.
15. September 1993	Auf einem gut besuchten Kolloquium diskutieren Politiker und Fachleute zum Thema „Die Straßenbahn in kleineren Städten".
10. März 1994	Die Naumburger Straßenbahngesellschaft mbH wird gegründet.
24. Juni 1994	Im Gelegenheitsverkehr wird der Betrieb wieder aufgenommen.
17. November 1994	Die Naumburger Straßenbahn wird für 20 Jahre an die Naumburger Straßenbahngesellschaft mbH verpachtet – also bis 2014.

14. Dezember 1994	Die Naumburger Verkehrsfreunde e.V. ändern ihren Vereinsnamen in Nahverkehrsfreunde Naumburg-Jena e.V.
Oktober 1998	Vereinsmitglieder und viele freiwillige Helfer legen die asphaltierte Trasse zur Vogelwiese per Hand wieder frei.
April 1999	Der Naumburger Straßenbahn wird die Konzession erteilt.
28. Mai 1999	Die Stadt Naumburg und die Naumburger Straßenbahn GmbH unterzeichnen einen neuen Vertrag.
19. bis 21. September 2003	Zum 111-jährigen Bestehen der Naumburger Straßenbahn findet ein großes Fest mit vielen Aktionen rund um den Ring statt.
23. April 2004	Die Strecke vom Jägerplatz zum Hauptbahnhof wird eröffnet.
16. Dezember 2005	Die Haltestelle Hauptbahnhof mit Ausweichstelle wird eröffnet.
April bis Oktober 2006	Der Fahrbetrieb nach Fahrplan an jedem Wochenende wird aufgenommen. Zu den Stadtfesten wird der Fahrbetrieb noch einmal erweitert.
30. März 2007	Wiederaufnahme des täglichen Linienbetriebes.
31. März/1. April 2001	Feier des Jubiläums „100 Jahre elektrische Straßenbahn – IIIe".
25. April 2009	Das Freilegen der Trasse am Wenzelsring beginnt.
9. Dezember 2010	Im Landtag von Sachsen-Anhalt wird das ÖPNV-Gesetz geändert, die Naumburger Straßenbahn erhält nun finanzielle Sicherheit.
29. Juni/2. November 2011	Zur Landesausstellung „Der Naumburger Meister" gilt ein Sonderfahrplan.
20. April 2012	Eine ÖPNV-Fachkonferenz sucht nach „Ideen für den touristischen Schienennahverkehr außerhalb der Zentren".
Sommer 2012	Beginn der Sanierung des Straßenbahndepots mit der Erneuerung der Fassadenfront und neuen Toren.
19. bis 21. September 2014	Zum Straßenbahnfest werden „20 Jahre Naumburger Straßenbahn GmbH" und „100 Jahre Ringbahn" gefeiert.
5. Juni 2015	Nach seiner gründlichen Restaurierung wird der historische Lindner-Wagen Baujahr 1928 der Öffentlichkeit präsentiert.
4. August 2017	Die Naumburger Straßenbahn begrüßt ihren einmillionsten Fahrgast seit der Betriebsaufnahme des täglichen Betriebes 2007.
15. bis 17. September 2017	Mit einer großen Festveranstaltung werden „125 Jahre Naumburger Straßenbahn" gebührend gefeiert.
1. Dezember 2017	Die zum Salztor erweiterte Strecke entlang des Wenzelsring wird eröffnet.
September 2018	Am Straßenbahndepot beginnen die Arbeiten zur Dachsanierung.
14. September 2018	Die bis auf den Aachener Platz / Bahnhofsvorplatz erweiterte Strecke wird eröffnet.
23. Juli 2019	Die Stadt Naumburg und die Naumburger Straßenbahn GmbH unterzeichnen einen neuen Vertrag über die Nutzung der Anlagen und des Straßenbahndepots bis zum Jahr 2035.
23. August 2019	Der Burgenlandkreis stellt die neue Linienverkehrsgenehmigung bis zum 31. Dezember 2034 aus.

Quellennachweis

Nahverkehrsfreunde Naumburg-Jena e. V.: Naumburger Straßenbahn, 10 Jahre täglicher Linienbetrieb 2007-2017, 2017

Nahverkehrsfreunde Naumburg-Jena e. V.: 120 Jahre Naumburger Straßenbahn 1892-2012

Nahverkehrsfreunde Naumburg-Jena e. V.: Die Ringstraßenbahn in Naumburg, Herausgeber: Nahverkehrsfreunde Naumburg-Jena e. V., Verlag Dirk Endisch, Leonberg-Höfingen, 2003

Straßenbahn Archiv 4, transpress VEB Verlag für Verkehrswesen, Berlin, 1984

Geschäftsberichte Naumburger Straßenbahn GmbH 2004-2018

Zeitungsartikel „Naumburger Tageblatt“

Die Naumburger Straßenbahn, ergänzende Fakten und Details 1953 bis 1983, Joachim Warth, Zeitzeuge und ehemaliger Betriebsleiter der Naumburger Straßenbahn

Bildnachweis

Adolf Soth, Sammlung Peter Hennig: S. 21, 22 oben; Andreas Messerli: S. 105 oben links; Bernd Dütsch: S. 46, 60, 61, 62, 63; Dieter Müller: S. 43, 44, 45 oben, 49 unten, 50, 54 unten, 55, 57, 58; Eric Jordanis: Seiten: 82, 85, 86 unten, 87, 88; Gerhard Apel: S. IV; Hagen Hötzel: S. 72 oben, 76, 77, 80; Helmut Reich: S. 116; Jürgen Puchert: S. 102 unten; Mike Ewald: Einband, S. 2, 3, 51, 69 unten, 70, 72 unten, 79, 89, 90, 92, 93, 94, 95, 97, 98, 99, 100, 102 oben, 103, 104, 105 oben rechts und unten, 106, 108, 109 oben, 110, 111, 112, 113, 114, Nachsatz; Ronny Dauer: S. 109 unten; Thomas Wedel: S. 45 unten, 47; Torsten Biel: S. 4, 86 oben; Wolfgang Degener: S. 64 beide, 65, 68, 69 oben, 73, 74; Foto Henrik Effersoe, Archiv Straßenbahnmuseum Skjoldenaesholm: Vorsatz, 36, 37, 38, 39, 40, 41, 42; Archiv Naumburger Straßenbahn GmbH: S. 11, 23; Archiv Wolfgang Schreiner, Sammlung Nahverkehrsfreunde Naumburg-Jena e.V.: S. 9, 12, 19, 20, 25, 26, 27, 28, 29 unten, 30, 31, 32, 33 unten, 34 oben rechts, 35, 48, 49 oben, 53, 54 oben, 56, Einband hinten; Foto Günter König, Archiv Wolfgang Schreiner, Sammlung Nahverkehrsfreunde Naumburg-Jena e.V.: S. 15; Foto Dieter Waltking, Archiv Wolfgang Schreiner, Sammlung Nahverkehrsfreunde Naumburg-Jena e.V.: S. 29 oben; Foto Friedrich Grünwald, Archiv Verband Deutscher Verkehrsamateure VDVA: S. 16, 17, 18 oben; Archiv Verband Deutscher Verkehrsamateure VDVA: S. 18 unten, 24; Stadtarchiv Naumburg: S. 7, FS, Nr. 260; S. 8, FS, Nr. 260; S. 10, Postkartensammlung; S. 13, Postkartensammlung, Hotel Kaiserhof und elektrische Straßenbahn, Nr. 01; S. 14, Postkartensammlung, Bahnhof, Nr. 01; S. 33 oben, FS, Nr. 260; S. 34 oben links, FS, Nr. 260

Die Leipziger Straßenbahn
Fotoschätze aus den 50ern, 60ern und 70ern

AG „Historische Nahverkehrsmittel Leipzig" e.V.

978-3-96303-004-8
24,99 €

Die Hallesche Straßenbahn

Harald Mey, Egbert Kluge, Manfred Schumann

978-3-86680-967-3
20,00 €